日本を取り戻す

アベノミクスと反日の中国・韓国

黄 文雄
Kou Bunyu

光明思想社

はしがき

二〇一三年八月、私はイギリスの友人に頼まれて、ポーランド北部のポーズランドで「アベノミクス」をテーマに講演してきました。ヨーロッパ各国のみならず、アメリカからも百余人が参加、日本への関心の高さを示していました。ここ四十年来、会議や講演で年々欧米を行脚しているものの「日本について」の講演は初めてでした。

二〇一二年末に第二次安倍内閣が成立してから、すでに一年以上が経っています。小泉政権以来、日本の顔である総理は毎年変わってきました。しかし今の安倍政権になって世界的に関心が高まってきたのは「従来とは何か違う」という点だけでなく、期待も集まってきているからではないでしょうか。日本への眼差しは「無視」から「関心」、そして「注目」「刮目《かつもく》」へと変わっています。

日本が注目を集めている理由は多々あります。アベノミクスがスタートして早々、デフレ脱却の兆しがはっきり見えてきました。円安や株高も数字として表れてきており、ただの幻想やバブルにとどまっていません。

今でも国内外で安倍人気は高いものの、一方で中国や韓国からは警戒され、「日本の右傾化」とも言われています。しかし私はそれをむしろ喜ばしいことと考え、日本を見る目を改めるようになりました。

中国・韓国のいう「右傾化」「軍国主義の復活」は、「日本人ではなく地球人・宇宙人になりたい」という日本人が減って、国としての誇りを取り戻した、もしくは取り戻しつつある証《あかし》でもあります。

日本人が日本人としての誇りを取り戻すことは、中国人や韓国人から見れば「右傾化」になるのでしょう。彼らの理想とする日本人は、日本人であることを恥ずかしく思い、中韓が決めた独善的な「正しい歴史認識」を持って、永遠に「謝罪と反省」を繰り返す人間でなければならないのです。

しかし日本はもとから多元的価値観を是認する社会であり、いわゆる戦後民主主義によるものではありません。それは神代《かみよ》からの日本社会の本質です。民族や国家だけでなく、宗教や文化・文明、歴史の歩みの違いによって、ものの見方や考え方は異なり、価値観や世界観、歴史観も違ってくるのは当たり前です。日本人としての生きざままで、いちいち中華史観に制約される必要はないでしょう。

第一次安倍内閣当時、私の推進する台湾の国民文化運動である国民文庫から、安倍氏の『美しい国へ』(文春新書)が漢訳して出版されました。これは今台湾で広く読まれ、美の国・日本への再認識を深める一助になっています。

二〇一三年には日本の観光客が一千万人を突破しました。ちっぽけな島・台湾からの訪日客も年に二百万人を超えています。

台湾からの帰り、私は空港で、何度も家族連れで日本観光に来るという女性に台湾語でこう話しました。

「日本の物価は高いから、他のアジア諸国を旅行した方がもっと楽しめるのではないか」

するとこんな答えが返ってきたのです。

「台湾より文化レベルの低い国に子供達を連れて行くのは教育上よくない。何度も日本観光にくるのは、四季折々の景色が美しいし、日本人の心も美しいからだ」

美というものは確かに魅力的であり、魅力は場合によって、物理的な暴力にも勝るものです。

靖国神社は日本人の心と魂の宿るところであり、日本文化そのもののシンボルでもあります。心や魂のないカカシでない以上、そこを参拝するのはあくまで心の問題なのです。孔子の時代から「鬼神《きじん》は敬して遠ざく」の国だった中国は、時代とともに世俗化がますます進んでいます。人民共和国の時代に入ると「宗教は人民のアヘン」とされ、ダライ・ラマ十四世のいう「文化的虐殺」が行われました。それがチベットやウイグルをはじめ、内外における文化摩擦と文明衝突の要因となっています。

安倍総理は二〇一三年末、政権発足満一年で靖国参拝を行いました。万難を排しての有言実行であり、国民に感動を与えています。中国・韓国はこれを外交問題化し、日本の「反日」メディアもアメリカの「失望した」という発言にしがみついて反対世論をこじつけようと必死です。しかしネット世代は九〇パーセントが賛成しており、これこそ日本国民本来の感情でしょう。

「歴史」「靖国」は八〇年代から問題視されはじめ、尖閣諸島・竹島の「領土問題」も最近になって中韓が唐突に担ぎ出してきたものです。これからまたどんな名目で日本にゆすりたかりを仕掛けてくるか、まったく見当がつきません。しかし中韓の欺瞞はすでに知り尽くされており、いちいち付き合っているときりがないのです。

本当に国を思い、国を愛する安倍総理のような政治家は、戦後日本には稀有な存在であり、だからこそ日本の未来への期待を一身に集めているのです。

義理人情に厚く、律義で庶民的、正義を貫くその姿に「安倍氏のファン」を自認する自民党以外の国会議員も珍しくありません。

私はアベノミクス以上に、日本人の誇りを取り戻すことに期待を寄せています。それこそ戦後レジームの克服であり、日本を取り戻すことは現代の超克につながると確信しているからです。

平成二十六年二月十一日

黄文雄

日本を取り戻す　目次

はしがき

第1章　アベノミクスは単なる経済政策ではない

第2章　中国は永遠の独裁専制国家

第3章 韓国との最も正しい付き合い方は「交遊謝絶」

第4章 日本の覚醒——ヤマトイズムの世界的展開

第1章　アベノミクスは単なる経済政策ではない

1 アベノミクス叩きという異常現象を見て

二〇一三年の参議院選の頃、マスメディアを中心としたアベノミクス叩きが最高潮となりました。しかし結果は自民党の大勝、民主党などは壊滅状態となります。このとき痛感されたのが、マスメディアと現実社会の間のずれでした。その裏に何があるのか、ほぼ半世紀を日本で生活してきた私の経験からいえば、メディア特有の現象というよりただのブームというべきでしょう。

一時、書店に行けば、「ハイパーインフレ」「スタグフレーション」「バブル崩壊」をあおり文句としたアベノミクス批判本が平積みにされています。バブル崩壊は九〇年代に多くの日本人が経験しているでしょうが、ハイパーインフレを知っている日本人はそれほど多くないでしょう。

一般的には、通貨を一三〇〇〇倍まで刷り増し、物価が一三〇パーセント以上に跳ね上がった状態がハイパーインフレと定義されます。

終戦によって日本の民間人四十万人、軍人二十万人の計六十万人が台湾を去っていきました。代わりにやってきたのが、日本人をはるかに上回る数の中国人たちで、軍・官・民を合わせて二百万人とも言われています。イナゴの大群のような中国人移民とともにやってきた天然痘、コレラ、ペストが大流行しました。経済も大混乱に陥り、ハイパーインフレが起こります。紙幣を詰めた麻袋を担いで歩く人の姿を小学生の頃に見た覚えがあります。

終戦当時の中国では、重慶《じゅうけい》政府の蔣介石《しょうかいせき》が汪兆銘《おうちょうめい》の南京政府を接収し、略奪が全国に広がってきました。一石百余元だった米価は、八ヵ月で五百倍の五万元まで暴騰します。

やがて国共内戦が始まり、国民党政府の発行する紙幣は紙くず同然になります。私の叔父の話では、父と二人で上海と漢口を往復する際、地域で貨幣価値が違うので紙幣の商いに精を出したということです。上海の店でラーメンを注文すると、食べる前と後で値段が倍くらい違っていたこともあったそうです。

やがて台湾元四万元を「新」台湾元一元と交換することになり、島と陸の貨幣交換が断絶して、ようやくハイパーインフレは終息したのでした。

八〇年代にはブラジルでハイパーインフレを経験したこともあります。ブラジルで事業で成功した学生時代の友人がいて、リオデジャネイロや小島での骨休めに付き合わされたのです。朝から晩まで東奔西走する東京暮らしに慣れていると、孤島の生活はあまり骨休めになりません。しかし入国時と出国時でドルのレートが全く違っており、その差にはびっくりしました。円安や円高で騒いでいる日本が羨《うらや》ましいほどです。

九〇年代に日本のバブルが弾け、経済には停滞と低迷が続きました。「失われた十年」は「失われた二十年」に伸び、迷走はさらに続いています。

戦後七十年が過ぎようとしている今、デフレスパイラルに陥っているのは日本だけ、という話をよく耳にします。二十年経ってもなかなか回復しませんが、時が移れば世も変わります。

三年余りの民主党政権で国民の期待は完全に裏切られ、安倍総理も再起後間がありません。財政出動・金融緩和・成長戦略という「三本の矢」も放たれたばかりです。それでも「世の中が変わった」という期待と直感だけで、円安株高の大変動が起こりました。総理が代わるだけでこれほど変わることに、誰でも驚かざるを得ないでしょう。

２アベノミクス叩きの真相

安倍政権がスタートする以前、政権復活の可能性が強くなっていった時点から、中国や韓国では危惧の声が上がっていました。円高・株安が実現すると国際社会の注目がさらに集まり、中韓は「安倍総理は極右」などと罵倒しましたが、実に中華の国らしい過剰反応です。

アメリカやドイツも円安への異議や不快感をあらわにしています。ドイツの財務相ヴォルフガング・ショイブレは安倍政権の政策に懸念を示し、「中央銀行の役割を誤解している」と苦言を呈しました。

アメリカの自動車政策会議は「アベノミクスによる意図的な円安誘導が世界的な通貨安競争を引き起こしかねない」とオバマ政権に対抗措置を講ずるよう求めたものの、ブレイナード財務次官は「アメリカは成長の促進とデフレ脱却を目指す日本の努力を評価する」と表明しています。

また国家通貨基金専務理事クリスティーヌ・ラガルドや、ロシア財務次官セルゲイ・ストルチャクらは理解を示しています。ことにプリンストン大学のポール・クルーグマン教授は「結果的に完全に正しい」と評価しています。

アベノミクスに関する評価が両極端なのには、主に二つの理由があります。

まず、アベノミクスは十五年にもわたるデフレからどう脱却するかという壮大な実験であり、専門家による経済学の原理や想像を軽く超えるものです。現実に円安・株高という結果が現れ、国内外から支持されているものの、五年後、十年後、さらにその先はどうなるのか誰にも断言できません。自民党内でさえ、反リフレ派が抵抗勢力としてうごめいています。

また何でも反対で「批判のための批判」をしているのは日本人ばかりではありません。日本の状況が好転するのを好ましく思わない敵対勢力が国内外に少なからず存在して揚げ足を取っているのです。

言論人には「こうなるだろう」「こうあるべき」と言いたがる人が多いのですが、最低のシナリオを想定して極言する場合が少なくありません。たとえば解説がうまくてわかりやすいと人気を博している池上彰氏は、番組で「アベノミクスは劇薬、処方量を間違えば日本は死んでしまう」と分析していました。こう言われれば、やはり「日本はもう終わりだ。怖い」と感じる人は多いでしょう。

さらにリフレ対策の効果に対する疑問として、次の主張があります。

・金融政策に効果がないのは、金利が下がらないからだ。
・量的緩和をしても景気を刺激することはできない。
・日銀はすでに十分金融緩和をしている。
・金融緩和しても円安にならない。
・市中に出回る金は増えない。
・物価が上がっても賃金は上がらない。

また、財政出動に対してもこのような意見があります。

・公共投資で景気は良くならない。
・財政破綻が心配。
・バブルがまたやってくるのではないか。

これらの一般的な懸念を端的にまとめると、次のようになります。

「円安進行によって輸入物価が急騰し、庶民生活を圧迫する。輸出産業はうるおうが、輸入産業は大きな打撃を受ける。物価が上昇して給料が上がるとは限らない。結果的には増税と国債の増発でハイパーインフレになってしまう。最終的にはギリシャのような惨状となり、日本は崩壊する」

しかしこれは理論どまりであって、現実にはむしろ逆と考えられます。

日本の対外純資産は二九六兆円(二〇一二年末)で相変わらず世界一、経常収支も三十年以上黒字が続いています。国債にしてもほとんどが円建ての内債(発行者の国内で募集される公債・社債)であって、外国で募集される外債ではありません。しかも日本は外需に頼る貿易立国でもないので、ハイパーインフレの可能性は低いでしょう。

また日本の潜在的成長力と対応力も世界一です。「日本はもう成長しない」とはメディアの言説が刷り込まれているだけに過ぎません。

毎日新聞は「アベノミクスは他の国の所得や雇用を奪う近隣窮乏化政策だ」とマゾ的な言説を載せています(二〇一三年一月三十日)。中国や韓国もこれと口をそろえていますが、アベノミクスは別に円安誘導ではありません。「元安やウォン安はいいが、日本はインフレをこれからも続けるべき」とは、どう見ても正常な意見とは言い難いでしょう。

「アベノミクス＝近隣窮乏化政策」という説に中韓が呼応するのは、両国が日本に寄生しており、円高以外の状況では豊かになれないことを物語っているのではないでしょうか。

3　見えないグローバリズムを可視化せよ

グローバリズム反対の集会やデモは、ＥＵをはじめ各国でもよく報道されています。急成長するＢＲＩＣｓの経済的台頭について、グローバリズムと一緒に論じられることも珍しくありません。

金余りの時勢の中、余った国際資本は地球規模で開発途上国に流れ込んでいきます。そのため、ＢＲＩＣｓ（ブラジル、ロシア、インド、中国）の後はＶＩＳＴＡ（ベトナム、インドネシア、南アフリカ、トルコ、アルゼンチン）が台頭するのではないかという予測もあります。

目に見えない国際資本について、ナポレオン戦争、レーニンの「金融帝国主義」などが冷戦前から大学の経済学部の教科書で扱われていました。マルクス経済学では「アメリカ帝国主義が地球を支配する」という主張が展開されていましたが、一九九七年には実際に、アメリカの投資活動が引き金となったアジア金融危機も起こっています。その陰の立役者とも言われた大物投資家ジョージ・ソロスの名も、メディアで取り上げられるようになってきました。

そもそもグローバリズムとは何なのでしょうか。それを取り上げた入門書や専門書は無数にありますが、どれを読んでもはっきりとは分かりません。

冷戦終了後にパックス・アメリカーナが顕著になって以来、グローバリズムがアメリカイズムと同一視されることも少なくありません。また現代に限らず、いわゆる西洋化(欧化)や近代化もグローバリズムということができるでしょう。

エジプト文明の発展にともない「文明化」が周辺地域に拡散していきました。それに続いたギリシャ・ローマ文明はやがて地中海地域を超えて、ヨーロッパの文化的基層にまでなったのでした。ですから、文明の中心が辺境に移動するのが文明の盛衰にあたるという移動説もあります。ローマ帝国の時代からはキリスト教化も広がり、西洋近代化と共に地球規模にまで広がっていきます。

砂漠生まれのイスラム教の拡散により、イスラム化もこれに続き、オアシスから都市へ、さらに島へと拡大していきます。ヨーロッパのイベリア半島やバルカン半島も、一時はイスラム文化圏内でした。

古代中国では、黄河の中流・下流地域である中原を中心に文明化が広がっていきました。「華化」「王化」「徳化」「漢化」と称されるこの動きも、中華のグローバリズムといえるでしょう。

約二千余年前、インドで発祥し儒教以上の普遍性を備えた仏教が、中亜、西亜、南亜、東南亜、東亜までに至る大仏教文明圏を生み出しました。その流れは日本にも伝来し、鎌倉時代には浄土真宗や禅宗など独自の仏教も生まれています。こうして日本は仏教文明の終着点であるとともに、新たな発祥地ともなったのでした。

開国維新後の大日本帝国は、国民国家を目指して琉球、台湾、朝鮮を糾合します。そして列強の一員であるとともに、白禍《はくか》（白人文化の脅威）や西洋列強への抵抗勢力となりました。

そして日露戦争後の日本型近代化は、文明開化（ソフト）と殖産興業（ハード）の流れとして、植民地解放をはじめとする二十世紀前半の歴史に大きな貢献をした、というのが私の史説であり、今までも著書で何度か取り上げてきました。これもまた日本発のグローバリズムとして認識されるべきでしょう。私はこれを「文明開化・殖産興業の波」と称しています。この特筆すべき「史実」を戦後の自虐史観でタブーとして語りません。

敗戦後、日本は焼け跡から再び立ち上がりました。しかし九〇年代にはバブルが弾け、二十年に及ぶ迷走と停滞が続いています。しかしこの「失われた二十年」は損失ばかりではありません。ここから「真の反省」、つまり日本の近現代について「真の歴史認識」を身につけ、日本型グローバリズムの魅力を見直す必要があります。

アベノミクスの成功に期待を寄せるとともに、その人類史的な意義と可能性も探らなければならないでしょう。

4 日本の「失われた二十年」を考える

日本は日米戦争で敗北し、開国維新以来八十年間築き上げてきた大日本帝国の遺産をすべて失ってしまいました。しかし廃墟から再び立ち上がって一躍経済大国となり、「ジャパン・アズ・ナンバーワン」「パックス・アメリカーナの次はパックス・ジャポニカの時代が来る」とまで注目を集めたのです。

しかしその夢のような時代も八〇年代がピークでした。九〇年代に入ってバブルが弾け、「失われた十年」はさらに「失われた二十年」まで拡大します。こうして一度輝きを取り戻した日は、再び沈んでいきました。

しかし経済だけでなく、文化や文明もそう急速に変わるものではありません。十九世紀と二十世紀の十大経済大国を比べてみると、違いはアルゼンチンが脱落して日本が加わったということだけです。

景気の変動には短期、中期、長期とありますが、長くても六十年周期説がある程度です。ちなみに国家の興亡は一〇〇年、文明は一〇〇〇年、気候変動は一〇〇〇〇年単位と言われています。

ではなぜ日本の低迷はこれほど長期間にわたって続いているのでしょうか。

農業に豊作と凶作があるように、経済史、ことに近代経済史において、好景気がそれほど長期間続いた例はありません。日本だけが常に好景気、などという例外はないのです。「八五年のプラザ合意（為替レート安定化に関する合意。バブル景気の一因になったとされる）から、日本はまんまとアメリカの術策にはまった」との説を唱える学者も数多いのですが、それだけが理由ではありません。日本の経済政策の失敗というそしりは免れませんが、「失われた二十年」の日本経済が本来の規模に戻っただけ、という指摘もあります。

産業社会において「失われた二十年」に失ったものは実に大きなものでした。農業国家の時代とはまったく違います。

たとえば中国は典型的な農業国家です。それは王朝の交替があっても変わりません。二千年近い昔の五胡十六国時代や六朝《りくちょう》の時代、また遼《りょう》や金《きん》、元《げん》、清《しん》のような北方の遊牧民族に支配されていた時期も同じです。

司馬遼太郎の説によれば、中華文明のピークは漢の武帝の時代で、それ以降は物質的にほとんど衰退の一途をたどっていたといいます。唐以後の中華文明が残したのは詩と画くらいではないでしょうか。またこれも司馬の説ですが、武帝の時代に製鉄業が発達し、製鉄のための燃料として森林が伐採されていったということです。

実際『史記』『漢書』を読む限り、漢の初期の南方地域は水と森が豊富でした。しかし中国には有史以来、森林伐採の記録はあっても植林の記載はありません。中国人は自然を食いつぶすばかりの民族であり、神話にさえ「森林を伐採して治水を成功させた」と言う禹《う》の英雄譚がある有様なのです。

漢以後の大地では山河崩壊が拡大再生産され、水害と旱魃《かんばつ》に交互に襲われるようになりました。自然崩壊と社会崩壊の悪循環で戦争も絶えず、餓死者や流民が数十万から数百万、さらには一千万まで異常発生したとの記録もあります。

ドイツの哲学者ヘーゲルはこのような状態を「アジア的停滞の社会」と呼んでいます。アジア型社会の典型ともされていますが、今の言葉でいうなら「失われた二千年」と呼ぶこともできるでしょう。

では「失われた二十年」と「失われた二千年」に失われたものは何だったのでしょうか。

中華社会の「失われた二千年」は、飢饉や戦乱の「停滞の社会」をもたらしました。匪《ひ》賊《ぞく》（強盗）も生まれ、強盗による天下争奪を正当化する「易姓革命《えきせいかくめい》」が社会の仕組みとなります。自然回帰を唱える老荘思想が消えて「人為」を唱える儒家思想が主流となり、「詐《さ》（嘘）」なしには生き残れない社会になっていきます。

一方日本が「失われた二十年」に失ったものは何だったのでしょうか。金額的に百兆円、一千兆円と算出する人もいます。しかしこれは「もしバブル崩壊がなかったら」「もし高度成長が例外的に長続きしていたら」という可能性の話でしかありません。

その他にも、日本は領土喪失の危機に直面しています。中国が唐突に「尖閣諸島や沖縄は自分のものだ」と公言、海や空での嫌がらせが続いています。そんな中、日本人は自信を喪失し、国としての誇りまで失ってしまいました。むしろ物質面より精神的な面で失われたものの方が多いのではないでしょうか。

日本の成長はすでに終わった。もう日本はだめだから、いっそ文化的に近しい中国に統一されて属国になるか、日米同盟より中日同盟の道を選ぶべきだ、と唱える人まで現れる始末です。

5 総理がころころ変わる日本

政治の安定と社会の安定は、必ずしも同一次元のこととして語るべきではありません。とはいえ一蓮托生とは言えなくとも、連動する可能性は高いものです。

ここ数年で、日本の総理はころころ変わっていることが国外でよく話題にされます。G8やG20等首脳会議のたびに新しい顔になっている、ともよく取り沙汰されました。私もあるアメリカの友人から「誰であろうともう日本の政治を司《つかさど》れなくなっている」と言われたことがあります。日本には総理になれる人材がもういなくなっていることを指摘したかったに違いありません。

しかし、これこそ日本社会がいかに安定しているかの実証ではないか、と考えることもできます。これほど毎年のように総理が変わっても、内乱も戦争も起こることはありませんでした。

施政者が変わりやすいか否かが、その国の安定性を測るバロメーターになるのは確かです。たとえば日本統治時代、台湾の総督は五十年間で十九人変わりましたが、朝鮮総督は三十六年で九代八人ですから、朝鮮は台湾以上に安定していたことが分かります。当時は今と逆で、朝鮮人が「順民」であるのに対し、台湾人は「難治の民」とされていました。

日本の特徴の一つは、開国維新以来、戦前も戦後も総理が実に多いことです（初代伊藤総理から野田総理までで約一三〇年、九五代六十二人）。私が愛用している湯呑には、初代の伊藤博文から始まる「歴代総理漫像」がぎっしり書かれています。日本人にはそれほど違和感はないでしょうが、子供の頃の試験前の暗記を思い出して「社会科の試験で全部暗記するのは大変だろう」と感じます。

特に最近は移り変わりが激しく、二〇〇〇年代に入ってから二〇一二年末の第二次安倍内閣までで、すでに十三番目の内閣となっています。以下に整理してみましょう。

一九九八年七月～二〇〇〇年四月　　小渕恵三内閣

二〇〇〇年四月〜二〇〇〇年七月　森喜朗内閣
二〇〇〇年七月〜二〇〇一年四月　森喜朗内閣(第二次)
二〇〇一年四月〜二〇〇三年十一月　小泉純一郎内閣
二〇〇三年十一月〜二〇〇五年九月　小泉純一郎内閣(第二次)
二〇〇五年九月〜二〇〇六年九月　小泉純一郎内閣(第三次)
二〇〇六年九月〜二〇〇七年九月　安倍晋三内閣
二〇〇七年九月〜二〇〇八年九月　福田康夫内閣
二〇〇八年九月〜二〇〇九年九月　麻生太郎内閣
二〇〇九年九月〜二〇一〇年六月　鳩山由紀夫内閣
二〇一〇年六月〜二〇一一年九月　菅直人内閣
二〇一一年九月〜二〇一二年十二月　野田佳彦内閣
二〇一二年十二月〜　安倍晋三内閣(第二次)

確かに移り変わりが激しいですが、長期政権が果たしてよいことといえるでしょうか。

隣の中国では蒋介石や毛沢東による抗争が、一九二〇年代から約六十年もの間続いていました。北朝鮮も、朝鮮民主主義人民共和国が成立してからの六十年間で金日成、正日、正恩と三代続いています。政権・社会が安定しているのかどうかは、人それぞれの見方に委ねるしかありません。

社会が安定しない限り、近代経済社会も成り立たないのが常識です。だからシンガポールの初代総理リー・クアンユーのように、「開発独裁（経済発展のために独裁を正当化すること）」を持ち上げる論者は少なくありません。

近代に入って、民主、自由、人権はますます普遍的な価値として広がりつつあります。その一方で、この普遍的価値＝特に民主主義に対抗し、西洋的な価値観に対するアンチテーゼとして「アジア的価値」を持ち出すことを試みたのです。しかしこれはただの「伝統」「家族主義」の偏重、または独裁の正当化としか考えられません。

安定を望むのはいかなる政権も同じです。しかし民意を問うた後の安定と、強権下の安定は質的に異なっています。民権思想が中国に入ってきた「西風東漸《せいふうとうぜん》」の時代、実務官僚の実力者で湖広総督の張之洞《ちょうしどう》は「民権よりも国権が大切」と説いています。「民権を喜ぶのは乱民のみ」というのがその理由でした。

今でも中国は安定を最優先し、国家指導者もそれを繰り返し強調します。人権よりも生存権が優先だから、生存のためには人権を守れません。こうして人権と生存権が両立不可能な社会になっているのです。

国権や生存権が民権・人権よりも重視され、プロレタリア独裁というイデオロギーのもとで多党制や三権分立を否定し、民主主義をブルジョワ的なぜいたくとしか考えていません。だから一人の国家指導者が政権、党権ばかりでなく軍権までの三権を牛耳らなければ、社会安定も政治安定もない仕組みになっているのです。

日本の社会の仕組みはこれとはまったく違います。江戸時代には三百年近く平和安定の社会が続き、開国維新の動乱期も、内戦は西南戦争を最後としています。戦後の混迷期さえ、中国の国共内戦、朝鮮戦争、ベトナム戦争のような自国民同士の殺し合いを免れたのでした。これほど政治や社会が安定しているのは、日本国民にとって貴重な財産であり、社会資源でもあります。

6 期待だけでも大きな求心力となる

日本の「宰相待望論」は以前からもありましたが、ここ数年でよく語られるようになりました。国力が衰退していなくても、国の将来が憂慮される時にはよく出るものです。

安倍政権の成立以前にあたる二〇一二年十一月、民主党の野田佳彦総理が解散を宣言した瞬間から、円安・株高がすでに始まっています。選挙になれば、リフレ政策(インフレ発生を避けつつ金利の引き下げや財政支出の拡大などで景気回復を図ること)を唱える安倍総裁率いる自民党が政権に返り咲くことを、多くの人々が予想し、また期待していたからでしょう。

正式な安倍内閣の組閣はその約一ヵ月後、十二月二十六日でした。この間円安・株高はずっと続いていています。十二月十六日には自民党が選挙で圧勝したものの、この期間はまだ民主党政権が存続しており、安倍総裁はまだ何もやっていません。「安倍政権は必ずリフレ政策を行う」という期待だけが市場を動かしていたのです。実際の政策がなくても情勢変化だけで株市場が大変動するのはよく知られています。

信仰心や愛憎には及ばないものの、期待や待望にはそれなりの「魅力」「求心力」があるものです。

アベノミクスが広く評価されるにつれて「安倍総理だからできることだ、それ以外の自民党総裁であればうまくいかない」という意見をよく耳にするようになりました。特に前の鳩山、菅という二人の民主党総裁が不評だっただけに、安倍総理が飛びぬけて見えるのでしょう。世界的にも注目を集め、中韓以外の国からは期待されています。

「宇宙人」鳩山元総理や市民運動出身の菅元総理に、国を思う気持ちが皆無だったわけではないでしょうが、国家意識が希薄だったように思われます。一国の総理には最もふさわしくない人物が就任してしまったことが日本の不幸だったといえるでしょう。

国民にとって、これほど不幸なことはありませんでしたが、民主党も再起不能なダメージを受けたに違いありません。それは政権交替時の衆参両選挙にも表れています。

安倍総裁の「日本を取り戻す」に触れた時、私は「久しぶりに国を思う指導者が現れた」と感無量でした。だからこそ国内外からも期待されているのでしょう。

一方大中華や小中華の国からは「安倍総理は極右」「軍国主義者」と言われています。しかし中国・韓国とも軍事拡大に狂奔、ほかならぬ軍国主義国家を目指しています。しかも「泥棒が他人を泥棒呼ばわりする」国であり、中国は建国当初からしきりに「日本の軍国主義復活」と騒ぎ立てていました。日本を「軍国主義」と呼びたがるのは、要するに「日本は恐るべき脅威」ということです。

しかも中韓の言いなりになってきた今までと違って、これからの日本にはゆすりたかりが効かなくなります。

「中国はすでに強くなった、だからこれからの世界は中国人が決める」と豪語する人もいますが、では中国人の誰がどう決めるのでしょうか。「儒教の復活」「新儒教」を唱えても、中国的価値が人類の普遍的価値として受け入れられる余地はほとんどありません。

今、世界各国に「孔子学院」が建てられているものの、語学を教える情報センターでしかないのです。ノーベル平和賞に対抗して「孔子平和賞」を創設したこともありましたが、受賞者の連戦《れんせん》(台湾の国民党名誉主席)に受賞を拒否されるという茶番に終わっています。これも時代錯誤な意識から抜け切れなかったためでしょう。

国を思うか思わないか、それだけでも国のあり方や国づくりの方向性に決定的な影響を与えることになるのです。具体的な例をあげるときりがありませんが、戦後日本では自国の過去も現在も貶めなければならない、という雰囲気があります。「日本はよい国だ」と口にすることさえタブー扱いでした。

政府閣僚が「日本はよいことをしたこともある」と口にしただけで大騒ぎになり、罷免される有様です。最近でも「日本は悪い国ではない、いい国だ」と論じた田母神俊雄《たもがみとしお》元防衛庁幕僚長が免職されたのは象徴的でしょう。政府は一体何に怯えているのでしょうか。

実際、日本は素晴らしい国であり、中韓以外の国は日本の過去に対する感謝の念を忘れていない、というのが真実なのです。

過去は過去としても、現在でも日本の国際貢献度は世界トップであり、それは国際的な民意調査でも明らかです。国連による調査でも、つねに好感度の高い国とされているのがカナダと日本です。

近隣諸国の中でも「最も住みたい国」第一位は日本です。中韓は反日の国というイメージが強いですが、これはあくまでも建前であり、建前と本音が違うのはもはや国民性のようなものです。そもそも日本が嫌いなら、なぜ日本人との結婚や日本への帰化、日本への密入国において、常に中国人・韓国人の数がトップクラスに多いのでしょうか。

神代から「純」「誠」を重んじてきた日本と違い、大中華・小中華の国は考えていることと口にしていることとやっていることが異なるのです。また、そうでなければ生きていけない社会です。

すでに数年前から「安倍総理待望論」という形で期待が標榜されていました。今でもますます期待が高まっています。アベノミクスばかりでなく、日本という国もやはり期待されています。現在の日本も地上のユートピアとして世界からあこがれのまなざしを集めているのです。

7　十五年続くデフレの正体

「失われた二十年」の元凶の一つは、これまでも指摘されているように「デフレ」、すなわち物価の連続的下落です。戦後二年以上デフレになった先進国は日本しかありません。日本でバブルが崩壊した九〇年代、日本以外にも一時的に物価が下がった国はありました。二〇〇八年に消費者物価は一時跳ね上がったものの、その後は長期に渡ってデフレが続いています。

十五年以上もデフレが続けば、経済成長が長期停滞するばかりでなく国力も衰退し、生存権まで脅かされるようになります。領土問題もその一つです。中国は唐突に「尖閣も沖縄も中国の領土だ」という歴史を持ち出し、三戦(言論、心理、法理)の策でゆすりたかりを仕掛けています。

これに対し、自信を喪失した日本は「日本はすでに成熟の域に入っており、これ以上生長しない」「デフレを脱却することはできない」と仏教的諦観とでもいうべき状態で止まってしまっています。

なぜこれほど長期のデフレに入ったのか、そこからどう脱却するのかは日本の課題でもあります。

「デフレのどこが悪いのか。物価が安くなれば生活が楽ではないか」という考えもあるでしょう。富裕層にとって物価が下がるのは悪いことではありませんが、物価以上に給料の減る分の方が大きいのです。そのため就職難や失業者増加が起こります。

デフレが長期化すれば、それだけ所得が減って貧富の格差が拡大するだけでなく、税収が減って政府の借金も増えます。個人消費や民間企業の消費が減少・停滞すれば、名目GDPもストップ、または減少することになります。

日本の長期デフレの原因についてはさまざまに考察されており、マスコミで一時騒がれたのが「少子高齢化による人口減少」でした。老人が増えて現役で働ける人口が減れば当然経済は停滞し、さらにマイナス成長が避けられないという説で、確かに説得力がありま す。

しかし人口が減少しているのは日本だけではありません。それでも高度成長を続け、デフレどころかインフレが昂進している国もあります。ドイツもその一つで、二〇一二年までの十年間で人口は減少しているのに、経済成長率は二・四パーセント、インフレ率は一九パーセントです。またロシアやウクライナ、ベラルーシなど旧ソ連圏、ルーマニアやハンガリーなどの東欧圏も同様であり、少子高齢化だけが原因とは考えられません。

新興国が産業化し、安い耐久消費財が大量流入して物価を下げたという説もあります。つまり、中国製品をはじめとする東南アジアの安い製品が日本市場に一気に入ってきたのが原因ということです。

しかし新興国の製品が大量に入り込んでいる国は日本だけではありません。アメリカやヨーロッパ諸国、アフリカにも新興国の製品はあふれています。ましてや日本は内需依存が高く、輸入依存度はせいぜい一二パーセント程度です。日本だけがデフレに陥っている真の原因は何なのでしょうか。

それは需要と供給のバランスが崩れ、供給があまりにも過剰だからです。国の経済指標は、GDP、株価、失業率の三つで計られます。九〇年代のバブル崩壊後、需要は大幅に落ち込み、物価が下落する一方賃金も上がらない、というところにデフレの原因があるのです。

さらに投資が減り、借金の負担も増すことになります。九七年からの消費税増税、公共事業の削減、郵政改革、規制緩和などの対策も、逆にデフレを悪化させるばかりでした。

九一年のバブル崩壊後、政府は公共事業を拡大していましたが、九七年には公共事業削減が始まり、この時をピークに十五年もデフレが続くことになったのです。第二次世界大戦後、デフレがこれだけ続いたのは日本だけです。

しかし日本に前例がないわけではありません。第一次世界大戦後には約十三年続いたデフレがありました。犬養毅《つよし》内閣の高橋是清《これきよ》蔵相によって、金本位制の断行、大胆な金融政策と積極的な財政出動が行われ、日本は大恐慌を脱したのです。

アダム・スミスの『国富論』以来、経済学は主にインフレを研究対象にしてきました。第二次大戦後も世界経済ではインフレばかりが続いています。

このデフレをどうするか、アベノミクスにとって未曾有の実験ともいえます。

アベノミクスの行方に楽観論や悲観論が相次ぐのも、また世界経済から注目を集めるのも、経済学原論だけでは語りきれないことが多いからです。そこまでアベノミクスを決断・決行できる政治家は、いったいどのくらいいるのでしょうか。

8 日本をどう取り戻すか

戦後すでに六十八年が過ぎましたが、戦後レジーム（戦後体制）は祖父から孫の代に至ってもまだ続いています。平和条約を結ぼうが世代交代があろうが変わらないのは、実に怪奇な現象というほかありません。

ことにマスメディアはなおも日本悪玉説を流布し続けています。中国と韓国はそこにつけこんでゆすりたかりのネタにしているのです。中でも江沢民《こうたくみん》元主席などは「日本に永遠に謝らせ続ける」と息巻いていました。

一九四五年まで、日本は敗戦の経験がありませんでした。これほど異常な戦後レジームの存続は、もはや日本人自身の問題に他なりません。

沖縄返還の際、佐藤栄作総理は「戦後は終わった」と語っていましたが、終わろうとしたがらなかったのは日本人の方でした。佐藤栄作がノーベル平和賞を受賞した際、日本のマスコミに袋叩きにされています。普通は国民として喜ぶべきなのに、考えられないマゾヒズムぶりです。

日本を取り戻すといっても、大日本帝国の遺産である満州や朝鮮半島、台湾を取り戻そうと考える日本人はほとんどいないでしょう。

戦後日本が失ったものの中では、目に見えるものではなく目に見えないものの方が貴重だったのではないか、と私はつねづね考えています。

私は安倍総理の著書『美しい国へ』の漢訳出版に際し、原文をチェックしたことがあります。インドの詩人ラビーンドラナート・タゴールも日本の自然や風景の美を愛するとともに、日本人が老若貴賤を問わず美を味わう能力があることに感動しています。

しかし私が感動する日本の美とは、そうしたカント的な美学や風景論的な美ではありません。アインシュタインが語った「心優しい謙譲の美徳」「感情の優しさ、同情心の強さ」です。

日本人の心は実に美しいものであり、その純粋さと思いやりには類例がありません。もちろん、いわゆる腹黒い人もいます。しかしいくら性悪《しょうわる》な人間であろうと、金もうけのために平気で有毒食品(台湾語で「黒心食品《こくしんしょくひん》」)を海外の不特定多数に売りつける日本人はいないでしょう。腹黒いといっても、中国人とはレベルが違うのです。

戦後日本から失われた美徳は実に数知れません。文化や思想、精神、価値観なども もちろんですが、日本人の魂と心の宿る場でもある靖国問題がまさしくその象徴です。どんな理由があろうとも、魂と心の場所まで奪われて、なお生をむさぼる日本人はいないでしょう。

失われた美徳と書きましたが、その多くは奪われたものであって、「どう取り戻すか」とは「どう奪い返すか」というのと同じです。失われた精神を取り戻すには、まず自分の国としての誇り、日本人としての誇りを持つことが必要不可欠です。

日本は右や左の全体主義国家ではない議会制民主主義国家であり、中国のように軍隊や言論をすべて傘下に収めることはできません。多様性を許容する日本で、共生共存に反する全体主義は社会の仕組みからも不可能です。とはいえ、自虐的な教育やマスメディアの暴走をこれほど放置する国はありません。

日本人は神から生まれ、死ねば神になると信じる神の国です。易姓革命の国や神話のない新興国とも異なり、神代における国生みの神話から生まれた万世一系が、今日に至っても国体として残る唯一の国でもあります。いかなる時代にも、日本なりの対応力で国家を転生《てんしょう》させつつ、新しい時代を創出してきたのです。

武士の国でありながら江戸時代には三百年近い平和を保ち、平安時代にも四百年近い平和を存続させてきた国は他にありません。現代でも日本ほど安全にして安心な社会はまれであり、美しい心にあふれた社会でもあります。

ですから、本当に日本を見つめることのできる人は、この国に誇りを持ち、自虐にふけることはないでしょう。

自分の国に誇りと自信を持つのはよいことです。しかし中華の国々のような根拠のない自信や尊大さは、やはり教育とメディアに助長されたものでしょう。日本はウリナラ（我が国）自慢を教育されず、また日本悪玉論教育で貶《おとし》められることがあっても、社会が多様性に富んでいるのでマインドコントロールが醒《さ》めるのも早いのです。

このような自己修正のメカニズムがあるので、日本の再起能力には自信を持っていいはずです。日米戦争で敗北した日本はすぐ立ち上がり、万難を排して経済大国へと成長しました。バブル以降は失調が続いているものの、日本の自然と社会の仕組み、そして再起の歴史から見て、私は日本人が日本を取り戻せると期待しており、そしてそれを祈っています。

万世一系、平和で安定した自然の摂理、社会の仕組みは、日本だけでなく人類の貴重な文化遺産であり、今でも生き続けている文化財です。それは国宝より価値のある人類共有の文化遺産と見るべきなのです。「日本を取り戻す」とは、実際は人類共有の文化財を取り戻すことでもあります。

９アベノミクス三本の矢の狙い

約五年ぶりに首相の座に返り咲いた安倍総理は、二〇一三年一月二十八日の所信表明演説で「デフレの克服が最大かつ喫緊の課題」と述べ、強い経済を取り戻す決意を語りました。十五年続くデフレを克服するリフレ対策として経済再生の方針としたのが「三本の矢」です。毛利元就《もうりもとなり》の故事でも知られるこの「三本の矢」とは、具体的には次の三つを指しています。

①大胆な金融政策
②機動的な財政政策
③民間投資を喚起する成長戦略

まず一本目の矢、「大胆な金融政策」の具体的な金融目標は「二パーセントのインフレ目標」の設定、「円高是正」、そして「無制限の金融緩和」です。購買力平価からみても日本円はやはり高くなりすぎており、是正する必要があります。

金融政策とは金利を引き下げ、量的緩和によるマネタリーベース（日本銀行の供給する通貨）拡大によるデフレ対策です。量的緩和とは、金融機関が保有している国債などの債権を中央銀行が買い上げ、代わりに中央銀行の発行した金を金融機関に供給する政策です。

二本目の矢「機動的な財政政策」とは、要するに政府財政をどう増やすかということですが、従来は増減税に頼っていました。アベノミクスが打ち出すのは「国土強靭化」計画で公共事業を増やすことです。十年間で年二十兆円、計二百兆円の予算を計画しています。

二〇一三年八月、ポーランドのワルシャワで、チェルノブイリの原発事故におけるウクライナ政府の事後処理の成果を確認するための実地調査に赴く旧知の台湾立法院委員（国会議員）に出会いました。そこで私はさっそく「アベノミクスが打ち出す国土強靭化計画に学ぶべきだ」とアドバイスしておきました。しかし予想外にも、彼女らはすでに私以上に勉強しており、議案まで作成準備中だとのことでした。国外にも与える影響の大きさには、実に驚くしかありません。

民主党政権時代はいわゆる事業仕分けで「公共事業は財政を悪化させ、持続的成長が期待できない」「箱モノばかりで無駄遣いが多い」として「コンクリートから人へ」のスローガンのもと、公共事業が大幅に削減されました。しかしその結果として、地方経済の疲弊が起こっています。

デフレをこのまま放置すると、日本の生産供給能力も次第に減退し、国家財政や経済の破綻に至ります。

三本目の矢である「民間投資を喚起する成長戦略」。産業競争力を回復させ、民間投資の競争力を活性化させるには、税制改正が欠かせません。自民党の政権公約に「法人税を国際水準まで引き下げる」とありますが、設備投資や研究開発投資に積極的な企業への税金優遇も目的の一つです。

他にも新しい市場開拓戦略として、規制緩和、企業の海外進出を支援する海外市場戦略が含まれています。

二パーセントのインフレ目標や無制限の量的緩和には実効性があるのは確かで、実際に円安・株高が進んでいます。円安によって輸出関連産業には活気が戻り、企業や家計にも需要が増しています。

インフレ目標とは、物価を恒常的に毎年二パーセントずつ上げるのを目標とすることです。一九三〇年代にスウェーデン、一九九〇年代にニュージーランドが導入しており、今でも採用国だけで二十ヵ国以上が実施しています。日本も二〇一三年に正式決定しましたが、二パーセントという数字は先進国の平均的なものであって、国際基準を導入しただけです。

ちなみにこれは、リーマン・ショック後にアメリカ経済をデフレにしないため、中央銀行であるＦＲＢ（連邦準備銀行）のバーナンキ議長がとった効果的な金融政策でもあります。

強い日本を取り戻すためには、まず今までの日本経済におけるデフレスパイラルからの脱却を図らねばなりません。弱い日本のままの方がよいと望む国もないではありませんが、近年は強い日本に期待する声が国内外で高まっています。これも時代の変化の一つといえるでしょう。

民主党政権時代は「なぜ一番でないとだめなのか」という声すらありましたが、今は「ジャパン・アズ・ナンバーワンを取り戻せ」と期待する人は増えています。

なぜ強い日本でなければならないのか、その理由について、私は著書でしばしば取り上げています。確かに長引く不況で迷走を続けているものの、今なお世界有数の経済大国であり、半世紀以上にわたって内戦も対外戦争もない超安定社会です。政治の成熟度や国民の民度も高く、近代国家のモデルとなり得る存在なのです。それを世界に発信することの重要さを認識し、人類への使命感を持ちさえすれば、日本は侵略や恫喝なしに世界を変えることのできる力を秘めていることを自覚してほしいものです。

しかし金融・財政・産業というこの「三本の矢」は、基本的に経済力の向上を目指すものであり、それだけでは不十分です。国防外交、社会文化に向けて放つ矢も必要ではないかと考え、私は夢を膨らませています。それでも、日本が直面している問題として、まずベースの経済からスタートしなければならないでしょう。

10 日本と中韓の国家・国民はこれほど違う

人類史にはさまざまな国家や民族が登場してきます。都市国家や封建国家、世界帝国、そして国民国家などです。近代国民国家と称されるのは主に産業革命と市民革命以後のイギリス・フランス型国家です。近現代以降に国家と呼ばれるのは主に近代国民国家、あるいはそういった国の「かたち」を自称する場合が多いのです。

中国では「世界国家」「世界帝国」を「天下」と呼びますが、具体的には清王朝、オスマン・トルコなどがそうした「かたち」の国家に属します。

左翼や右翼というのもフランス革命時に生まれた言葉で、国民会議では王党派が議長席から見て右、急進派が左の席を占めたことに由来します。国家主義者や国粋主義者はたいてい「右」、世界主義者や社会主義・共産主義者は「左」に属するとされています。

中韓からすれば、国を意識し国を思うと表明する安倍総理は「右翼」「極右」、さらに「軍国主義者」ということになります。しかし実際のところ、右と左はどう見分ければよいのか。歴史から鑑《かんが》みるなどではなく、もっと単純に見分けるポイントがあります。「地球人」や「宇宙人」になりたがる、つまり「天下」志向の人は左、常に国を思い国を愛する人が右です。

さらに、極端な「天下」志向が極左、極端に国を強調する人が極右と考えれば間違いありません。暴力的な手段に出るかどうかは、その人なりの言行《げんこう》と手段なので思想と志向とは関係ありません。

ちなみに中国は「天下」であって「国家」ではありません。中国から見れば朝鮮や日本は国家であり、その主宰者が国王となります。「天下」中国では天命を受けた天子が皇帝となり、天下万国に君臨するのです。中国人自身が「中国は天下であって国家ではない」

と自覚したのは二十世紀に入る前後のことでした。イギリスやフランスは国家ですが、国名のない中国は国家ではないということになります。「天下（世界）から中国をいかに作り替えるか」は、当時の革命派たちにとって国造りの一大課題でした。人口の多い中国ですから、もちろん意見も百出します。民国初年には六百以上もの党派があり、一つにまとめるのは容易ではありません。

当時の革命志士の他にも、知識人たちが英仏列強の強さに触れて「天下国家」よりも「国民国家」の国造りを目指すようになりました。辛亥《しんがい》革命前後のあらゆる蜂起（起義《きぎ》ともいう）は「国民革命」と称しています。

清国の日本留学生たちが見た日露戦争の出征歓送会は、彼らの目には実に異様なものに映りました。「祈戦死」なるのぼりが立っていたからです。

「三十六計逃げるにしかず」が伝統の国では、いざとなると兵士が我先《われさき》に逃げ散ってしまうので、後に督戦隊《とくせんたい》（味方を後方から監視し、強制的に戦闘を続けさせる部隊）がないと前に進みません。「祈戦死」とは何事だ、実に恐ろしい、と受け取られたのです。

いざという時に逃げてしまうのはなぜかというと、「国民」がいないからです。「国家」と「民衆」は敵対的な存在であり、「国富」と「民富」も別々、というより対立するものです。

「国富民貧」「剥民肥国《はくみんひこく》」という言葉があるほどですが、これも中国における社会の仕組み、歴史の鉄則といえるでしょう。

今でも政府高官の最大の営為は、いかに国富を私富に変えるかにあります。というより、汚職しない役人はこの国では生き残れません。国と民が対立しているため、政府高官をはじめとする富裕層の子弟が、留学や考察《こうさつ》(視察)などの名目で国のくびきから脱走するケースも後を絶たないのです。

韓国でもそれは同じです。北朝鮮から命がけで脱北するのは理解できなくもありませんが、韓国でも中国の「裸官《らかん》現象(家族を海外に移住させ、自分だけ国内に残る汚職官僚)」と同様、家族を韓国から脱出させるケースが増加しています。これは近代に始まったことではなく、李朝《りちょう》が高麗朝《こうらいちょう》から政権を奪って明の皇帝から国号を賜った際もシベリアや満州への脱走が起こりましたし、日韓合邦の折も無数の朝鮮人が日本になだれ込みました。

辛亥《しんがい》革命後における中国の国民国家づくりは、政府乱立と内戦によって挫折し、「国民」も生まれませんでした。社会主義革命を経て「国家の死滅」による「天下」を志向したものの、文革後は迷走が続きます。

九〇年代に入ってからは「愛国主義、民族主義、中華振興」の三点セットを国是国策に掲げて再び国家を作ろうとしたものの、やはり「国民」を作ることはできなかったのです。国と民の対立は「権貴《けんき》資本主義」ともいわれる中国の国家的特色となっています。

中国では、国と民の対立は有史以来の宿命ともいえます。今日に至っても民意を問うシステムさえ確立できないこと自体、国がいかに民を警戒しているかを示す何よりの証拠なのです。

半島における李朝時代の両班《ヤンパン》と奴婢《ぬひ》の関係は、大韓民国時代に入ってからも続いています。国家が少数の資本家に牛耳られ、反北か反日をテコにしなければ国造りができないのが現実なのです。

中韓において民は常に反国家的な存在とされており、外敵より内敵こそ警戒すべき存在と見なされているのです。そこが、日本における国家と国民の関係とはまったく違う点といえるでしょう。

11　マゾとサドの競演にはもう飽きた

そもそも日本人にはマゾ的な性質があります。それはつねに謙虚な態度を忘れず、いつでも「おかげさまで」「すみません」「申し訳ない」と口にするところにも表れています。謙譲語や丁寧語を使うのも、礼儀上悪いことではありません。

しかし日本人にとっては美徳、礼儀であっても、相手によっては誤解、さらには曲解させ、逆手に取られて悪用される場合もあります。中韓に対して過去の一時期に関する「反省」「謝罪」パフォーマンスを乱用してきたことが、いかに国益を損なったかはよく知られるところです。

これは戦後の「一億総ざんげ」に始まったことではなく、日本人固有の性格でもあります。自己卑下は悪いことばかりではありません。常に外を理想化して相手のよいところを学ぶことは美徳であり、進取の精神の源にもなっています。

しかし外の世界を盲目的に礼賛しすぎると、自虐的性格がますます助長されることもあります。江戸時代の朱子学者は中国を「聖人の国」「道徳の国」とほめそやし、戦後日本も中国や北朝鮮を「地上の楽園」と絶賛したのがその一例ですが、過度の崇拝によって盲目的になり、時代の変化を読み取れないこともあります。

たとえば文化大革命中、これを礼賛する日本人がいました。しかしその後に実権派が復活して情勢が逆転、礼賛派はたちまち中国の仇敵となってしまったのです。

江戸時代において、中国をつねに冷静、客観的、かつ本質的に見る目を持っていたのは国学者たちでした。彼らは「漢意唐心《かんいとうしん》」（からごころ）と「和魂和心《わこんわしん》」（やまとごころ）の違いを見抜き、「漢意唐心」はよこしまな虚言虚飾だと説いています。この「漢意唐心」こそ今でいう「中華思想」なのです。

大中華も小中華も中華思想を持ち、それは時代とともにますます強化されていきました。では中華思想とは何かというと、自己中心、自国中心なものの考え方であり、尊大にして他人を見下すものです。大中華では役人、小中華では両班《ヤンパン》に特に顕著に表れています。その嗜虐的性格は、心理学的にはサディズムと解釈され、中韓の国民性の一つとしてあげられるでしょう。

対して日本人は冒頭でもあげたようにマゾヒズム、すなわち自虐的性格といわれます。日本のマスメディアが歴史問題に限らず大々的に喧伝しているのが、日本と中韓によるマゾとサドの共演です。

日本人のマゾぶりを見て喝采する人は少なくありません。サド役を演じる中国や韓国もそれに応じ、ますます演技に磨きをかけます。

とはいえ同じ劇作ばかりでは見る方も飽きが来てしまうため、新しい脚本や企画がなければ観客が離れてしまいます。「南京大虐殺」「強制連行」「従軍慰安婦」のようなヒット作もあったものの、いかなる大型企画でもいつかは終わりが来ます。

日本のマスメディアが主催、中韓政府が共催してきたサドマゾ時代劇でしたが、戦後もう七十年が立とうとしている今、歴史劇や時代劇ばかりでは客足が遠のくばかりです。客足に敏感なマスコミが状況の変化を知らないはずがありません。そのため今度は歴史問題に代わり、領土問題を新たなシナリオにしようとしているのです。

メディアが多様化し、新聞もテレビもいつ消えるか分からない状況ですが、斜陽に差しかかっているのはほぼ間違いないでしょう。サドとマゾの時代劇がいつ幕を下ろすかはマスコミ次第ですが、日本国民の嗜好はすでに変わっています。戦後世代の意識の変化は、すでに彼らの言行ではっきり示されています。

戦後少なくとも三世代が経過し、特攻隊員の生存者も九十歳に達しようとしています。これで世の中が変わらないはずはありません。私が日本に来てからも半世紀が経過しましたが、なるべく第三の眼から日本を見るようにしてきました。

日本の変わりようを示す例として、比較的衆目を集めたものを紹介してみたいと思います。

仙石《せんごく》官房長官が国会答弁で「国家は暴力機構」と発言、場内が騒然となったことがあります。本人もすぐ訂正しましたが、これはマルクス・レーニン主義的国家観で、六〇～七〇年代にはこれこそ日本人の国家観の主流だったのです。国会で騒動になったのは、それだけ国家意識が変わったからではないでしょうか。

また尖閣諸島の領有をめぐる問題ですが、これは中国が七〇年代に入って唐突に主張し始めたのです。その当時、日本の代表的な文化人たちは寄ってたかって「日本帝国主義が中国から強奪した領土だ、即刻返せ」と共同声明を発表しました。しかし今は鳩山元総理らごく少数が中国の主張に理解を示すくらいです。

やはり日本は変化しています。嗜好や意識が変われば、サドマゾ競演の歴史劇はもはや客を呼べなくなります。そろそろ劇場閉鎖の時期が来ているのではないでしょうか。

安倍政権成立後、政財界の人と会うたび、「安倍政権は何年もつか」がよく話題になります。たいていは「最低三年、もしくはそれ以上」となり、文化人や学者も同様の意見が少なくありません。

これはただ期待ばかりではなく、見通しが悲観論から楽観論へと変わりつつあることを示しています。敗戦からそろそろ七十年が経とうとしている今、こうした心の切り替えがない方が逆におかしいのではないでしょうか。

12 アベノミクスは消費税増税とTPPの峠を乗り越えられるか

アベノミクスの三本の矢が放たれてから、日本の様相が以前と一変したことはだれの目にも明らかでしょう。国外の注目も集めていますが、安倍政権満一年の靖国参拝決行前まで靖国神社参拝をまだ行っていないということで従来の熱烈な支持者から批判を浴びるなど、すべて順風満帆というわけにはいきません。すでに一年以上が経った安倍政権はいったいどこへ行くのか？　現政権はこれから少なくとも三年は続くと思われますが、かりに支持率が低下する一方であったとしても、ここ十年来の内閣と歴然と異なっていることは明らかです。

二十一世紀の日本の進路は、これからその行方を問われようとしています。内外の問題や課題が山積している今日、それはもちろん平坦な道ではなく、坂もあれば峠もあることでしょう。

特に国論が賛否に分かれているのが、消費税とTPPの問題です。三つ目の峠は原発問題ですが、エネルギーや原子力技術は日本だけの問題ではないので、安倍政権だけでは終わりません。元自民党総裁の小泉純一郎氏まで反原発に名乗りを上げ、その真意が問われています。

ゆえに、アベノミクスの進路に立ちはだかる三つの峠のうち、現政権の課題として問われるのが消費税とＴＰＰです。戦後日本史に名を残す名宰相になれるかはこれから次第であり、説得力ある論議は多いのですが、神ならぬ人間には所詮「絶対こうなる」と断言はできません。

過去の歴史は、増税で税収は増えないことを示しています。一九八九年に竹下登内閣が消費税を導入すると逆に景気が悪化し、税収も減少しました。九七年の橋本龍太郎内閣は消費税を三パーセントから五パーセントに引き上げ、やはり税収は低下しています。しかし「歴史を鏡にする」ことは可能でも、未来まで完全に説明できるでしょうか。

安倍総理が増税を決断したのは、平成二十五年十月に入ってからのことです。三党合意ということもあり、自民党も増税を選挙公約にしました。総理は具体的な数字を示して「日本経済の三本の矢の効果がはっきりした。十五年にわたるデフレマインドからはすでに脱却し、景気は回復している」と強調しています。

それ以外にも「給与は上昇傾向にあり、国民の負担は低い」と言われる一方、「総理は財務相の要求に屈した」という説もあります。

二〇一四年の四月から消費税が八パーセントに増税されることはすでに決定しています。反対論の根拠としては「増税が財政再建に及ぼす影響は限定的、あるいは皆無」「その金を社会保障に使うといっても、GDPのマイナス成長は避けられない」というものがありますが、財界では「増税決定は英断だ」「歓迎する」という声が少なくありません。

増税をめぐる賛否両論には、それぞれの企業や個人の利害が絡んでいますが、日本経済全体への影響についてはもっと論議すべきでしょう。日本経済は完全に復活したのか、世界の中での日本経済はいったいどうなるのか、ここにもっと注目しなくてはなりません。そして私は、増税は二〇一四年四月よりも先に延ばすべきだったのではないかと思います。

TPPの論議は以前から、学者、専門家、言論人だけでなく、政党に至るまで賛否が分かれています。ここから私がよく連想するのが、アヘン戦争時の自由貿易と保護貿易をめぐる論争です。これも当時のTPP論争といえるでしょう。

台湾では「日本はTPPに参加すべき」という意見が強くあります。たとえば財界最長老の元第一銀行頭取・黄天麟《こうてんりん》氏は「安倍総理の最大の誤ちは、ＴＰＰ参加に否定的なことだ」として参加を推奨していました。党内の反対を振り切って参加を決めたのは経済的な理由ばかりでなく、安保やそれ以外の理由も推測されています。

ＴＰＰに反対する声は農業や医療、言語・文化という幅広い分野から出ていますが、その論拠にあるのは日本の弱さであり、その行きつく先が「ＴＰＰ亡国論」です。

中国の辛亥《しんがい》革命後、日本の政界では「中国の共和制が日本の国体にまで影響を及ぼす」という論議が少なくありませんでした。アジア主義者の頭山満《とうやまみつる》はこれに対し、「日本はそこまで弱いのか、日本に対する最大の侮辱だ」と憤ったといいます。

日本の弱さを前提にするなら、まず「日本を強くすること」についてもっと語るべきではないでしょうか。

京都大学の佐伯啓思《さえきけいし》教授は、「ＴＰＰの賛否両論はもっぱら利害損得にとどまっているが、『利』ではなく日本の『価値』体系から語るべきだ」と提言しています。

確かに、ＴＰＰを最も憂慮しているのは保守派です。「日本がアメリカになってしまう」「日本人が無国籍化し、日本の価値観が滅びる」「日本が消えてしまう、即刻中止せよ」など、総理個人だけでなく日本の行く末も危惧する声は少なくありません。

アベノミクスとＴＰＰの問題については、縦や横など様々な角度から時間軸を見て考えさせられることが少なくありません。十九世紀中葉頃の大陸における、アヘン戦争後の開港や人民共和国時代の「竹のカーテン」から改革開放、また開国維新から戦後の再起に至る日本の底力や対応力を考え合わせ、鎖国と開国の通時的比較（通時的＝時間の経過にともなって起こる変化に着目すること）と共時的比較（共時的＝ある時点での対象物同士の関係性に着目すること）から再考することも可能でしょう。

13 アベノミクスとグローバリズム

人類の文明化現象には、ユーラシア大陸に限定しても、古代のオリエント化やインド化、（中）華化の拡散が見られました。ユダヤ教やヒンズー教、儒教、道教は土俗的・民族的な色彩が強いため拡散力はそれほどありませんでしたが、仏教はインドを発祥として、かつては南亜、東南亜、中亜、東亜、北亜まで広がりました。

イスラム化やキリスト教化（＝西洋化・西洋近代化とも）も広がり、今でもイスラム教とキリスト教の対立は世界規模に広がっており、決して過去のものではありません。

東西冷戦終結後のグローバリズムはアメリカイズムと同一視され、反米が反グローバリズムにもつながって、欧米でも反グローバリズムの市民運動が展開されています。冷戦終結後、社会主義体制がすべて消滅したわけではありませんが、社会主義が人類の夢でなくなったのは確かでしょう。現代は相対主義的文化をベースに反絶対主義的文化の傾向がますます強く、反グローバリズムの主張もさまざまです。

ヒト、モノ、カネ、そして技術や情報が世界市場に流れる現在、ＢＲＩＣｓはグローバリズムの申し子ともいえます。その後を追うＶＩＳＴＡなどによって世界が大きく変わり、グローバリズムがさらに拡大・深化することも考えられるでしょう。

二十世紀初頭の日露戦争から第二次大戦後にかけては「文明開化、殖産興業」の波の拡散により世界が日本化する可能性もありましたが、花開くことはありませんでした。では、グローバリズムは欧化・洋化の終着点になるのか、はたまた歴史の経験になるのでしょうか。

開国維新後の日本はさまざまな挫折を迎えつつ、底力と時代への対応力で乗り越えてきました。しかし日本人自身にはその力を過小評価する傾向があります。戦後は反日日本人が横行しており、日本人が自信を喪失するのも理解できないではありません。

中華の国々が自信過剰にならざるを得ないのは中華らしいともいえますが、どんなに貶められても、日本が巨大な存在であることは変わりません。この一事も、日本の強さを証明しているといえるでしょう。

さまざまな矛盾を抱える中国・韓国は反日をテコにゆすりたかりを働き、遠交近攻を企てています。しかし日本を世界ののけ者にしようとしても、集まるのは北朝鮮と反日日本人くらいでした。

日本に日がまた昇るとするなら、私はアベノミクスに一縷《いちる》の期待を抱いています。中韓などからのアベノミクス批判もただの嫌味程度にしか聞こえないのは、アベノミクスは日本再生のシンボルであり、従来の日本との違いが感じられるからではないでしょうか。

アベノミクスの効果は数字の上に表れ、また実感としても感じられます。十五年にわたるデフレをいかにして克服するかは経済学でも人類史上も未曽有の問題であり、いかなる高論卓説もその行末について推測の域を出ません。

戦後もう七十年にもなろうとする今、難題が山積しているのは誰の目にも明らかです。GHQに押し付けられた憲法をはじめ、歴史や靖国、安保、さらに教育やメディアなど、どれ一つとっても避けられない、日本の国、また日本人自身の問題なのです。

アベノミクス以外にも、経済以上に大きなジャパン・プロブレムは多々あります。「日本を取り戻す」という志一つとっても、安倍氏という政治家にとって、これこそ政治目標であり、決意であり、夢でもあるのでしょう。私はこれに感動を覚え、日本の未来に希望を抱いています。

この「日本を取り戻す」というテーマとは、経済の復興ばかりではありません。私はソフト面、つまり魂と心の面に大きな期待と希望を寄せており、日本人が誇りを取り戻せるならば、仮に経済が右肩上がりにならなくてもそれで充分だとも考えています。

「百年の計」である教育面にも、最優先課題として取り組む必要があります。反日日本人が国民教育を牛耳り、中韓など外部の口出しを許す状態が決して正常といえないのはいうまでもありません。まず教育の再生に取り組むことは、戦後レジーム克服の第一歩でもあります。

また領土問題をめぐって、日本の国家としての安全が脅かされているのは明らかです。尖閣諸島問題で、中国は公然と対日開戦を唱えており、核攻撃を用いた恫喝も一度ではありません。二〇一二年の十八全党大会でも中国の夢として「海洋強国」「中華民族の偉大なる復興」を繰り返し掲げています。この公然たる覇権主義宣言を口先だけのこととして無視するのは、平和ボケ以外の何物でもありません。

いつまでも日米同盟に期待するのは、世の変化に無知だからです。「軍国主義の復活」といわれようが、これは昔からの決まり文句に過ぎず、まったく現実的意味はありません。こんな脅しには一切屈せずに、「自分の国は自分で守る」という日本人の気概と誇りを取り戻すことこそ、最も差し迫った問題です。

日本国民により豊かな生活を与えること以上にアベノミクスに期待することは、より多くの自由を与えることであり、そのためには国家としての安全を守ることが何よりも必要です。日本人は「パンとサーカス(生活と娯楽)」だけでは満足せず、心と魂を何よりも大事にする民族なのです。

第2章　中国は永遠の独裁専制国家

1　過去の社会主義イデオロギーの清算

東西冷戦は、ソ連・東欧の社会主義体制崩壊によって終結を迎えました。中国では社会主義崩壊が波及することを「蘇東波《そとうば》」と呼んで警戒していました。これは唐宋八大家の一人で、北宋の有名な文人である「蘇東坡《そとうば》（蘇軾《そしょく》）」（蘇連《ソれん》と東欧の波）の名にちなんだ命名でしたが、その波を中国が受けることはありませんでした。中国は「改革開放」、ベトナムは「ドイモイ」によってうまく切り抜け、北朝鮮はほとんど旧態依然のまま最高指導者が三代目まで続いています。

しかし、西側では終息した東西冷戦が、東側ではまだ続いているという見解も少なくありません。中国は毛沢東時代の「社会主義人民共和国」、鄧小平以降の「権貴《けんき》資本主義（既得権を有する特権貴族階層のための資本主義）」のように体制をがらりと変えているものの、「四つの社会主義原則（社会主義の道、プロレタリア独裁、共産党による指導、マルクス・レーニン主義と毛沢東思想）の堅持」を旗印にして「中華人民共和国」をいまだに名乗っています。

その一方、国連では安保の常任理事国の議席を守るため、七〇年代からは中華民国の後継国家として「中華民国」を名乗る矛盾ぶりであり、過去の清算どころではありません。

西尾幹二氏は「安倍政権の世界史的使命」という論説(『Will』二〇一三・三月号掲載)で、「中国には共産主義独裁体制がいまだに蟠踞《ばんきょ》(根を張っていること)している」「アジアに残存するすべての不幸の原因はここにあるのではないか」と書いています。

さらに、その独裁体制を打破することこそ安倍政権の「世界史的使命」であり、ドイツは過去を清算したものの、日本には今なお左翼全体主義の残党がいることを指摘しています。

私はかつて西尾氏から「国民党政府の時代、台湾人はかなり圧迫されていた。民進党政府になってからも、なぜ過去を清算しないのか」と尋ねられましたが、ほとんど答えることができませんでした。

七〇年代から独立運動を共にし、今はドイツに居住している仲間も、同じようなことを聞いてきます。「ドイツ政府は過去の東ドイツの犯罪に対して法的にきちんと清算した。我々はどうなのか」

スイスのジュネーブで行われたシンポジウムに参加した時も、同様の質問をされたことがあります。この時もやはり答えられなかったので、高校卒業後すぐに逮捕され、七年も獄中にいた台湾の著名な歴史学者にマイクを渡してしまいました。

改めて考えると、共産主義革命に成功したのは、西側では東方正教会系のキリスト教文明圏、東側では中国をはじめとする儒教文明圏のみでした。カソリックやプロテスタント系の文明圏、また仏教文明圏では革命は成功していません。

ロシア革命、中国革命に続く第三の革命と呼ばれた「日本人民民主主義共和国」「日本革命」はなぜ実現しなかったのでしょうか。もちろんその理由は一つではないでしょうが、日本が仏教国家だったことも要因の一つだったのではないかと私は考えています。

マルクス主義思想と儒家思想には、共通点が少なくありません。コスモポリタン的であること、ユートピアは天上ではなく現世にあると主張することなどです。またマルクス主義の「前衛」は儒教の「君子」に相当するといえるでしょう。

現在、中国的な特色を持つ「プロレタリア独裁（人民専制）」は「真の人民の民主主義」とされています。しかしいくら弁別《べんべつ》しようとも、有徳者が天命を受け「天子」となって天下に君臨し万民を統率する「人治（徳治）」のイデオロギーと区別すること、つまり孔子とマルクスを区別することは、少なくとも私にはできません。「民は由《よ》らしむべし、知らしむべからず」という愚民思想と、目下中国の行っている言論統制は同根同源なのです。

そのせいか、西からやってきたマルクス主義はいともたやすく儒教社会に入り、西側の社会主義体制が崩壊しても道連れにはなりませんでした。

中国では格差社会が昂進しつつありますが、それも古代からの延長に過ぎません。ヘーゲルのいう「皇帝一人のみ自由で、万民は奴隷」社会はほとんど変わっていないのです。これが社会の仕組みであり、歴史社会の運命でもあります。

日本にいる左翼的全体主義の残党は「日本革命」にこそ成功しなかったものの、戦後ずっと教育やメディアを牛耳ってきました。彼らはすでに民衆から乖離《かいり》した時代錯誤な存在ですが、日本社会が魔女狩りを行うことはありません。共生の社会・日本は「禊祓《みそぎはらい》」「水に流す」寛容性を持っていますから、過去は清算されるのではなく自然消滅する運命にあります。

日本が開国維新後ずっと中国の模範となってきた一方、中国は半永久的に独裁専制であり続けるでしょう。その定めを変えることは不可能なのです。

2「日銀」が支援する中国の経済成長

国際金融カルテルによる世界支配の実態については、昔から様々な説があります。たとえばユダヤ資本論などがよく見られ、それも一面には違いないでしょう。

たとえばユダヤ系の金融資本家ロスチャイルド家の存在は近代ヨーロッパと表裏一体で語られています。戦前の上海や現代のニューヨークで活躍するユダヤ人、またイスラエルとアメリカの関係などに惹かれる日本の言論人が多いことは、私も経験から感じていることです。しかしたとえ関係者による告白であっても、必ずしも正確であるとは限りません。

「ユダヤ資本の陰謀」「秘密結社フリーメーソン」といった話は、確かに好奇心をそそります。だからといってすべてを「陰謀」と考えるのでは推理小説と変わりません。

日本の円高は中国の元安、韓国のウォン安とつながっており、日本の「失われた二十年」が中国や韓国の経済成長を支えてきたのは紛れもない事実です。しかしそこに国際金融カルテルがどう関与しているのか、それは結果から語る以外にありません。

中国の経済成長を裏で支えてきたのは日銀だ、という専門家の指摘は以前からありました。それでも、日米中の経済や資本を操作しているグループの正体を特定し、真の売国奴の名を明らかにすることは容易ではありません。

日銀の犯罪を告発・非難する言説も少なくありません。日銀は「立法」「行政」「司法」の三権分立に似て独立した存在と考えることもできます。中国は「党が軍を指揮する」か「軍が党を指導する」かで、「最高実力者」はその時々の力関係で決まるため、いわゆる原則を確立することはできませんが、それと同様といえるでしょう。

アベノミクスによって円安は昂進しつつあり、それが結果的に日本の輸出産業に好景気をもたらしています。「日本軍国主義の復活」などと、品格に欠ける罵詈雑言が大陸や半島で飛び交っているのも、相対的に中国や韓国の輸出競争力が低下しているためと考えられるでしょう。

二〇一三年に白川方明《まさあき》日銀総裁が退任した際、そのニュースを受けて株が暴騰したという市場の反応を見ても、経済不振の元凶を見据える庶民の目は厳しい、いや正しいと言えます。

中韓はアベノミクスを「為替操作」としてこぞって批判していますが、これは極めて身勝手な理屈に過ぎません。

中国はリーマン・ショックのダメージを回避するために金融緩和政策を行っています。ましてや中国は自動相場制の国ではなく、元安・ウォン安は中韓経済の生き残る道でもあります。

円安もまた日本がデフレから脱却するための金融緩和の結果であり、為替操作ではありません。中韓の希望通り、これから二十年も三十年も円高を続けていくことはないでしょう。

日本の「失われた二十年」の元凶の一つに日銀のデフレ政策があったことは徐々に知られてきています。実際、民主党政権の三年半の間にどうにもならなかった日本経済は、安倍政権になってわずか三ヵ月で劇的に変化しました。東証一部上場の企業時価総額も、三ヵ月の間に二五一兆円から三三六兆円まで増加しています。

少なくとも、アベノミクス叩きで「国家破産」「日本破産」「ハイパーインフレ」と騒ぐマスメディアの誇大フレーズとは真逆ではないでしょうか。

３ 中国のブラックマネーについて

台湾には、ＧＤＰの数字に入らないブラックマネーが四〇パーセントある、という話を聞いたことがあります。話してくれたのは数年前、台北のロータリークラブで会った元銀行頭取でした。中国は同率か、さらに多いと推測されるようです。

ブラックマネーの実態は、麻薬、セックス産業、蛇頭《じゃとう》（密入国を斡旋《あっせん》する組織）などに関係する機構の数字から推測するしかありません。たとえば中国の売春婦の人数として、ＷＨＯによる六〇〇万人という数字が公式発表されていますが、民間学者によると二〇〇〇万人から三〇〇〇万人、動く金はＧＤＰの一〇パーセントを占めると推定されています。

国富を私富（ポケットマネー）に変えるなどの不正収入は、御用経済学者の推定で十数パーセント、民間学者の推定では二五～五〇パーセントとされていますが、推定の域を出ません。タンス預金も確実な点は分かりませんが、全国の年間総収入が年間銀行預金よりも少ないのは確かです。月給以外の収入はどこからくるのか、不正収入以外にも隠すべき事情があるのでしょう。

党、政、軍の高級幹部の裏金について、党の金融・情報機関は知っていても黙殺しています。それが時には、温家宝《おんかほう》元総理のようにアメリカのメディアにスクープされたり、元上海市長の陳良宇《ちんりょうう》、太子党《たいしとう》(高級幹部の子弟グループ)の薄熙来《はくきらい》のように失脚のネタにされたりするのです。

マネーロンダリング(資金洗浄)やキャピタルフライト(資本逃避)は政治的な不安から発生することが多いようですが、これについても数字を把握するのは容易ではありません。しかしブラックマネーの流出ルートや金融機構の数字から、おおよその数字を算出する経済学者もいます。

台湾初の政権交替が行われた二〇〇〇年、流出したブラックマネーは約六兆元(当時のレートで約二四兆円)にのぼりました。国民党の候補が再度敗れた二〇〇四年には二・四兆元(約九兆円)、馬英九《まえいきゅう》政権が発足した二〇〇八年以降は約九兆元と推測されています。

日中間の金融関係の決済は、たいてい銀行を経由しています。しかしいったん金が中国の銀行に入れば、予約なしに下ろすことはできません。銀行の方が勝手に投資運用してしまい、シャドーバンクの一因ともなっています。台湾や中国では、銀行を経由せず各都市の貴金属店を利用するのが一般的です。

中国では伝統的に、金がなければ人は動きません。そのような機構も機能もないため「無《む》官《かん》不《ふ》貪《どん》（汚職をしない役人はいない）」「権銭《チェンチェン》弁証法《べんしょうほう》（銭で権力を買い、権力で富を得ること）」といった言葉まであり、賄賂をもらえないと「人間のクズ」扱いされる有様なのです。

これは古代から五千年続く伝統文化であり、強制されなければ税金も払いません。国民党政権の時代、蒋介石の義弟・宋《そう》子《し》文《ぶん》（いわゆる「宋家の三姉妹」の兄弟）が創設した税務警察は最新の米式装備を備え、国軍以上の戦力を持っていました。

かつて毛沢東の片腕だった陳伯達《ちんはくたつ》の著書『中国の四大家族』には、中華民国の四大権門だった蒋介石、孔祥熙《こうしょうき》、宋子文、陳果夫《ちんかふ》・陳立夫《りつふ》兄弟が、いかに国富によって私腹を肥やしてきたかが書かれています。中華民国から中華人民共和国の時代に入って、毛沢東時代は「平等」の原理が一時機能していたものの、改革開放後は中華社会の法則「先富起来《せんぷきらい》（可能な者から裕福になれ）」が復活しました。これによって党幹部一族が台頭し、鄧小平を筆頭に、王震《おうしん》、栄毅仁《えいきじん》、陳雲《ちんうん》が新たな「四大家族」として登場します。そして上海幇《シャンハイバン》や太子党のような集団による国富収奪が行われるようになっていきました。

国体や政体がどう変わろうと、中国人の本質は変わりません。二十世紀に入って、帝国、民国、人民共和国と移り変わったところで、役人と民衆の関係は相変わらずです。中国人はイデオロギー対立で血を流すことはありません。しかし生命より大事な金なら別です。しかしいくら金があっても安全ではないため、「裸官《らかん》」(一人ぼっちの汚職官僚)なる存在も生まれるのです。

ワシントンDCにあるシンクタンクGFIの統計では、二〇〇〇年に欧米系銀行に流入した「不正資金」におけるチャイナマネーは四二〇四億ドル、二〇一一年には六〇二〇億ドル(約六〇兆円)、二〇〇一年からの十年間で約三兆ドル(三〇〇兆円)とあります。二〇一二年には一五〇兆円という数字も出ており、カネの大脱走は加速度的に昂進していると見られます。日本にも、土地転がしのため流入している金が多いようです。

アベノミクスがこのまま続けば、チャイナマネーはどうなるのでしょうか。中国の権貴《けんき》階級は、この問題に日本人以上に関心を寄せています。

中国のことわざに「北京人愛国、上海人出国、広東人売国、香港人無国」とありますが、これには一抹の真実があるようです。金に目がないと言われる上海人に限らず、諜報機関の総元締がCIAに国を売ったという話まであります。日本にいる中国人諜報機関関係者も、二重スパイ、どころか三重スパイでさえあるのです。

先にあげた「裸官」はマネーロンダリングの温床になりやすく、仲介者と党幹部の間で「黒吃黒《ヘイチイヘイ》（黒が黒を喰う＝乗っ取られる）」のケースが後を絶ちません。日本のメディアでもおなじみの某教授が中国で取り調べを受けているのは、賄賂がらみのキャピタルフライト流通経路の件ではないかと考えられます。共産党の重鎮でありながら胡錦濤《こきんとう》に敗れ、数々のスキャンダルにまみれて失脚した薄熙来《はくきらい》事件のように、これから誰かが失脚することも予想されます。

4 中国の永遠なる夢「独覇」

東西冷戦終結後、ソ連や東欧が崩壊し、国際力学構造は二極から一極へと変わります。パックス・アメリカーナが不動の地位を獲得し、世界に君臨するようになりました。中国はこのアメリカ覇権を「独覇《トウパア》」と呼んでいます。

中国最後の王朝・清は始祖ヌルハチの代に明帝国への「七大恨（明帝国への怨恨）」を掲げて満州の森林から兵を起こしました。そして六代皇帝の乾隆帝《けんりゅうてい》に至る約二百年で、中国から東アジアにかけての地域に君臨し、明時代の三倍まで領土を拡張します。

しかしその後は没落の一途をたどり、列強の時代、東西冷戦、アメリカ「独覇」の今日も、中国は世界の主役になれませんでした。アメリカの隆盛をただ見ているしかない状態ですが、それでも「独覇」は中国の永遠の夢なのです。

だからこそ、こんなことを強調したがる人もいます。

「人類史上九五パーセントは中国人の時代だった、その座を西洋に譲ったのは近現代以降のことだ」

「近現代の国際秩序や国際法は西洋人が勝手に決めたものだ。中国は絶対認めない」

「中国はすでに強くなった。これからの世界は中国が決める」

はては「国際交流の場では英語ではなく中国語を使え」という意見まであります。

「天下は王土に非《あら》ざるものなし」、世界はすべて中国のもの、という発想はやはり中華思想からくるものですが、世界で通用するはずはありません。それでも中華こそ天下の中心であるという天下一国主義は、中国人にとって永遠のユートピアなのです。

国家主席でさえ、物の見方や考え方は極めて限定的です。「海の強国を目指す」という胡錦濤《こきんとう》、「中華の偉大なる復興」を唱える習近平《しゅうきんぺい》を見ても、世の中が変われど自己中心的な考え方から抜け出せていないことが分かります。これが中国人の限界ともいえるでしょう。

　性善か性悪か、王道（道徳をもって天下を治める）か覇道（武力や権力で天下を治める）かという二者択一の発想しかできないのが中国人です。ところでこの「覇道」の発想はどこからきたものなのでしょうか。

　始皇帝以前の先秦《せんしん》時代と呼ばれる頃、古代中国には「万国」あるとされてきました。それが春秋戦国時代に統合され、「春秋五覇」「戦国七雄」の世へと動いていきます。春秋時代は東西対立の時代でしたが、天下を主宰する覇権国家は次々に移り変わっていきます。そして戦国時代は南北対立を主軸にしつつ、戦国七雄の多極の時代であり、近代の列強と似ています。

　東西対立から南北対立へ、力の均衡が移り変わる時代にどう天下を掌握するか。そのための手段が王道と覇道でした。この二者択一が天下統一の論理となるのです。

　とはいえこれはいずれも「君主」論であり、「民主」の概念が生まれることはありませんでした。二十世紀に入って、帝国、民国、人民共和国と国体や政体は何度も変わりましたが、やはり「民道」は生まれていません。

中華民国時代、広州軍政府の大元帥となった孫文《そんぶん》が、北京政府との会議に赴く途中で神戸に立ち寄り、日本政府を相手に「王道か覇道か二者択一せよ」と大演説をぶっていますが、「民道」など念頭にありませんでした。

また人民共和国になっても、一九七八年の日中平和友好条約締結に際して、暗にソ連批判を盛り込んだ「覇権条項」を入れるかどうかで日本と揉めた経緯があります。

ではなぜ中国は、つねに「不称覇《ふしょうは》(覇権を称えない)」「反米独覇」と唱える一方で、「絶対武力を放棄しない」と恫喝に走るのでしょうか。

「改革開放」「海の強国」のスローガンが目指すものは、中国の永遠の夢である富国強兵です。アメリカと太平洋を二分する米中G2構想も「独覇」の夢からくるものでしょう。

中国の主張する「固有領土」の論拠も、ほとんどが歴代王朝の「朝貢冊封秩序《ちょうこうさくほう》」に由来するものです。朝貢冊封とは周辺蛮族が中華の皇帝に貢物を奉じ(朝貢)君臣関係を結ぶ(冊封)ことで、「中華」を天下の中心に、東夷《とうい》・西戎《せいじゅう》・北狄《ほくてき》・南蛮《なんばん》の野蛮人が取り巻いている、というのが伝統的な世界観であり、乾隆帝《けんりゅうてい》の代の『皇清職貢図《こうしんしょっこうず》』や「嘉慶法典《かけいほうてん》」では、イギリスやスペイン、バチカンまで朝貢国と見なされています。西洋人もやはり西夷《せいい》扱いされていたのでした。

中国にとっての頭痛の種は「東夷」でした。半島の東夷である新羅・高麗・朝鮮は事大《じだい》一心《いっしん》（ひたすら大に事《つか》えること）で朝貢冊封に甘んじてきましたが、海上の東夷＝日本はすなおに中華に仕えようとしなかったのです。

中国から見れば半島の夷《い》も海上の夷《い》も同じ穴のムジナでしかなかったのですが、遠く隔たった「倭夷《わい》」は厄介な存在でした。朝鮮には銀印を下すだけで十分だったのに、倭夷は金印でなければ満足しません。

また隋の時代、聖徳太子が国書に「日出ずる処の天子、書を日没する処の天子に致す」とあったことが煬帝《ようだい》の怒りを買った、という有名な話があります。この不届きな島夷《とうい》が対等外交を求めてきても、中華王朝は「任将軍（将軍に任ず）」「封国王（国王に封ずる）」の詔勅を下賜するばかりでした。日本への懲罰戦争だった日清戦争に敗北してからはさらにお株を奪われ、日本は「東亜新秩序」「大東亜共栄圏」などで中華の伝統的秩序に挑戦し続けてきました。

そして経済成長が陰りを見せている今、中国はアベノミクスや安倍外交に対して、警戒を募らせているのです。

5 中韓御免の安倍外交

八〇年代後半から、中国・韓国は政治的事情によって反日を国策としてきました。「反日をテコにしなければ国家や社会の安定が難しいという、やむを得ない面がある」と同情する日本人もいます。中韓の反日に呼応する反日日本人も多々いますが、これらは日本人特有の「思いやり」「甘さ」といえるでしょう。

中韓の反日には思い込みや思い上がりも含まれているでしょうが、「全アジアの代表」と思い込んでいる面もあります。これはやはり中華思想からくるもので、大中華(中国大陸)も小中華(朝鮮半島)も変わりません。ネット世代が中韓を「特亜」と呼んでいるのも、的を射た命名ではないでしょうか。

安倍外交は歴代総理と比べ、非常に積極的かつ精力的です。健康面では大丈夫なのかと心配され、私もそのバイタリティに驚いている一人ですが、使命感から命がけでやっているのではないかと感じさせます。

内閣が成立して早々、一月にベトナム、タイ、インドネシア、三月にモンゴル、四月にロシア、五月には欧米から見捨てられていたみなしご同然のミャンマーを訪問しています。同じく五月にはインド総理が日本を訪問し、原子力協定締結の促進を確認しました。

翌年七月の参議院選直後もフィリピン、マレーシア、シンガポールに足を伸ばしています。安倍総理は中国周辺諸国をほぼ回り、経済協力など関係強化に大きな成果を上げています。北方領土問題の絡む厄介な相手・ロシアとも、外務・防衛担当閣僚会議（２プラス２）設置の合意を取り付けています。

ごく最近まで、日本の総理は「北京詣で」が原則でした。さすがに朝貢こそありませんが、中国の外交は依然として「付き合いたければ尖閣問題を棚上げせよ」の条件つきです。

これは日本相手に限りません。どこの国に対しても「こちらの要求を飲まなければ付き合わない」と条件を付けるのは、いかにも中国的といえます。そのため文化大革命時代に中国と外交関係があったのはアルバニアだけでした。これが中国の「革命外交」なのです。

二十世紀に入ってから、中国では複数の政府が乱立、しかもそれぞれが「全中国人民代表」を名乗っている状態でした。ある政府の外交部が「革命外交」を断行して従来の条約を一方的に廃止することが少なくなく、西原借款（一九一七年から、日本政府が段祺瑞《だんきずい》内閣に多額供与を行ったが、段の失脚により回収不能となった事件）のように借金を踏み倒されてしまう例もありました。

中国には伝統的に、朝貢以外の対等外交という発想がありません。「対等外交」に甘んじざるを得なくなったのは十九世紀のアヘン戦争からです。

この時結ばれた南京条約以降の列強との外交は、二〇〇〇年以上前の戦国時代の例に従った「合従連衡《がっしょうれんこう》(利害状況によって結びついたり離れたりすること)」「遠交近攻」であり、これが今でも中国外交の原則となっています。すなわち「敵の敵は友」なので、インドに対峙するためパキスタンと手を結ぶ、といった形が常套手段です。

日本外交は中国・韓国が優先、という考え方は、日本の言論界に根強く残っています。ことに反日日本人は「善隣外交(隣国との親善を重視する外交政策)」を強調したがりますが、真の親善関係は相手にもその気があってはじめて成り立つものです。日本が「善隣外交」を望んでも、中国からすれば日本は「遠交近攻」の「攻」の対象であり、「善隣」はありえないのです。善隣外交など、原則的にも原理的にも不可能です。近隣相悪《きんりんそうあく》こそ、人間社会の避けられない原理の一つであり、中国において村対村の械闘《かいとう》(集団決闘)や呉越の争いが、上古から今日に至るまで何千年も続いているのが何よりの証拠です。

安倍外交を表面的に見て「中国封じ込めではないか」という声も出ていますが、そもそも「中国封じ込め」は「赤化防遏《せきかぼうあつ》（共産主義の侵入を防ぐこと）」から生まれた自由主義陣営の防衛策でした。東西冷戦の間は、ソ連も中国も「鉄のカーテン」「竹のカーテン」を築いて閉じこもっており、西側は社会主義政権の防衛に汲々《きゅうきゅう》としていました。冷戦終結で「鉄のカーテン」が消えても、「竹のカーテン」は健在です。

地政学的にも生態学的にも、昔から中華世界にはさまざまな民族が入り込み、「中原逐鹿《ちゅうげんちくろく》（群雄が帝位を争うこと）」を繰り広げてきました。五胡十六国、南北朝、モンゴル系の契丹人《きったんじん》による遼《りょう》、女真族《じょしんぞく》の金《きん》、タングート人の夏《か》、モンゴル人の大元《だいげん》、満州人の大清《だいしん》など、多くの民族が王朝を築き、東亜世界に君臨してきたのです。

今の中国も、陸側だけでも十四の国と国境を接し、内側にもチベット、ウイグル、モンゴルなどの民族問題を抱えて、決して一枚岩ではありません。

この支那四百余州、さらに東亜から東南亜、中亜の地とどう関わっていくべきでしょうか。日本には「東亜新秩序」「大東亜共栄圏」といった貴重な経験がありますが、近隣外交についてはやはり歴史に学ばざるを得ないでしょう。

中華思想がない者は中国人ではないと見なされるのが常識です。「天下王土に非《あら》ざるものなし（世界はすべて中国のもの）」であり、「日本人、朝鮮人、ベトナム人はみな中国人の子孫」「チベット人やモンゴル人も、中国の開祖・黄帝《こうてい》の二十四子のひとり」と信じられています。

中国には国境などなく、中国が強くなれば世界をすべて「回収」する、と主張し、「中華民族の偉大なる復興」を夢見る中国人が存在する以上、中国との「友好」「善隣」はおろか「外交」もあるはずはないのです。

6 中国と「子々孫々までの友好」は可能か

中国からの「子々孫々までの友好」という言葉に「百年後、千年後のことまで考えるとは、さすが中国人だ。日本人とはわけが違う」と感激を覚える人は多いでしょう。

日本人が欧米人と付き合う時、わざわざ「日米友好」「日英友好」を意識したりはしないでしょう。戦時中は「鬼畜《きちく》米英」とののしっても、戦争が終わればは日中関係のようにぎくしゃくすることはありません。しかし日中関係は別格です。

以前、中国との付き合いはもっぱら「友好人士」「友好商社」に独占されていました。七〇年代に日中国交が樹立されてからは「子々孫々までの友好」が合言葉となり、「老朋友(古い親友)」「水を飲む人は井戸を掘った人を忘れない」といった言葉も盛んに聞かれました。

しかしいわゆる友好人士でさえ、「日中友好は実に難しい」と嘆くことが少なくありません。その理由はやはり、国民性が全く違うということです。

中国人は考えていること、口にしていること、やっていることが全く違うので、口車に乗せられて振り回され、ノイローゼに陥る人までいます。日本人にはしたたかさが足りないせいもあるでしょう。

目が口ほどにものをいう日本人同士なら「以心伝心」が可能です。しかし中国人に隙を見せれば「カモ」にされかねないので、腹の探り合いにならざるを得ません。「老朋友」だからこそ、付き合うのに骨が折れるのです。日本にも「君子は豹変す」という言葉がありますが、中国人はいざという時、「変臉《ペンレン》（がらりと態度が変わること）」するので恐ろしいのです。

イデオロギーの違いならまだしも、金のために兄弟が仇敵《きゅうてき》とさえなります。だから中国人同士には真の友人はあまりいません。

孫文も毛沢東も、真の友人はたいてい外国人（西洋人か日本人）でした。孫文の最も信頼していた友は日本人の宮崎滔天《とうてん》、毛沢東の真の盟友もカナダ人医師の白求恩《ベクチュン》と、アメリカ人ジャーナリストであるエドガー・スノーでした。「親密なる戦友」として後継者指名していた林彪《りんぴょう》に裏切られた毛沢東だからこそ、身内を信用できなかったのも当然かもしれません。もちろん、毛沢東の罠にはまって陥れられた戦友も数知れません。

中国史を見ても、妻や兄弟、親が敵になることは少なくありません。むしろ身近な人間こそ危ないことは古典の『韓非子《かんぴし》』でも徹底して書かれており、だからこそ「不信の人間学」の聖典とされているのです。家父長制で血縁の絆が強いといわれる中国ですが、いざというときに頼れるのはやはり自分しかいないのです。

中国における人間関係の特徴を一言で言い表すなら「人間不信」の一言に尽きるでしょう。国家はもちろん社会も信用せず、文革時代は「爺親《イェチン》、娘親《リャンチン》、不如《プウズウ》毛沢東親(父母よりも毛沢東に親しむ)」というように、親兄弟さえ信じることができませんでした。個人情報を外国人に知らせるのは国家機密漏洩《ろうえい》にあたると言われ、「自分の名前は国家機密なのか」と小学生が教師に尋ねた、という笑い話まであるほどです。

「自掃門前雪、不管他人瓦上霜(自分の家の前の雪は掃除しても、他人の屋上の霜は気にしない)」ということわざまであるほどです。「袖すりあうも他生《たしょう》の縁(すれ違う程度の出会いでも前世からの縁であり、大切にするべきだ）」「遠い親戚より近くの他人」をことわざとする日本では想像できないでしょう。

ベトナム革命の父ホー・チ・ミンは「中国人の糞を一生食うより、フランス人の糞をしばらく食った方がまだましだ」と言った、という話があります。これは過激にして極端ですが、ベトナム人も台湾人も進んで中国人と友人になることはありません。国民性の違いというより、いざという時は危ないと知っているからです。

自己中心的で私利私欲に走り、しかも他人の不幸を楽しむ。文化大革命のような惨劇が起こったのは中国人社会だったからこそ、と言えるのではないでしょうか。

存在しないもの、不可能なものを求めるのは人間の性《さが》です。だからこそ日本人に「子々孫々までの友好」を求めるのでしょう。しかしそれは日中間のみならず、中国人社会でさえ不可能なのです。同党同族、一家一族内での内ゲバを防ぐことさえ容易ではありません。まして、ただでさえ自己主張の強い中国人が十三億人も集まって、友好でいろという方が無理な話です。

「友好」を強調したがるのは、人間不信の社会だからこその処世術と考えるべきでしょう。台湾人にとってこれはもちろん自明ですから、中国人を友人扱いする台湾人はほとんどいません。言葉尻から「中国人は友好的だ」と真《ま》に受けてしまうのは、馬鹿正直な日本人だけです。

ましてや「友好」とは何かを解釈するのは中国側です。「靖国神社を参拝するな」「チベットのダライ・ラマ法王を入国させるな」という指導に従わなければ「非友好」と見なされるのです。

韓国人は「大国人《テククノム》」である中国人を父親のように慕う一方、中国人は「垢奴《テンノム》(汚い奴)」という嫌韓感情を抱いています。しかし中国人が歴史的にもっとも軽蔑してきたのは、宦《かん》官《がん》と貢女《こうじょ》しか産出しない朝鮮人でした。中韓外交には上下関係しかなく、一方的な「事《じ》大《だい》」で残るのは恨みつらみだけです。半島の「恨《ハン》」の文化はこのようにして生まれたのでした。

7 相互監視社会・中国社会を理解する限界

日本のメディアでも活躍している朱建栄《しゅけんえい》教授をはじめとする数人の在日中国人が、帰国中に逮捕されるという事件が起きました。この事件は言論界でも話題となり、「拘束された中国人は二重スパイ」「習近平新体制の新たな動き」といった分析が、中国学者やチャイナ・ウォッチャーによって提示されています。しかし彼らは何も分かっていません。日本人の目から中国やその仕組みを見るには、おのずと限界があることを感じざるを得ません。

　法学者の故小室直樹《こむろなおき》は著書『中国原論』で、中国を知るには「幇《パン》（インフォーマルな組織）」の理解が必要と強調しています。それも、昔の「紅幇《ホンパン》・青幇《チンパン》（清時代の秘密結社）」、約五千万人規模の「黒道（チャイナ・マフィア）」、大衆小説に登場する乞食の組織「丐《カイ》幇《パン》」（現在約二千万人）といった下層民ばかりではありません。

　文化大革命の「四人組」は中国では「四人《シレン》幇」と呼ばれていました。彼らが追放された後も、習近平の「太子党」、江沢民の「上海幇」、胡錦濤の「団派《だんぱ》（共青団）」などがあります。中国では有史以来こうしたギルド（同業組織）が存在していました。孔子を教祖とする儒教徒は葬儀屋ギルド、兼愛《けんあい》（博愛）や非攻《ひこう》（平和）を唱える墨翟《ぼくてき》を教祖とする墨家《ぼくか》は大工のギルドでした。

　今でも、幇《パン》の組織は江湖《こうこ》社会（アウトロー社会）から政界に至るまで、あらゆる場所で存続しています。しかし中国におけるもっとも基本的な仕組みは、相互監視の「特務組織」

なのです。

中国社会は人間不信の社会であり、個(一個人、私)は必然的に絶対化を避けられません。秦の始皇帝が秦王時代に「この著者に会えたら死んでも悔いはない」と絶賛した韓非《かんぴ》の著書である『韓非子』は、人間不信のハウツー本そのものといえます。

道教信仰でも、神が人間を監視しています。たとえば竈《かまど》の神は一年中一家の生活を監視して、よいことや悪いことを天帝に報告します。悪いことを報告された一家は翌年不幸に見舞われるとされています。

門の神や厠《かわや》(トイレ)の神、土地の神も人間の行動を監視しており、人間の体内に住み、夜中に抜け出しては天帝に密告する三尸《さんし》という神も存在します。人間の生死や禍福はすべて天帝によって管理・決定されているため、人間は神に供え物という形で賄賂を贈るのです。

スパイ制度がもっとも発達したのが明の時代で、宮廷の中に東廠《とうしょう》、西廠《せいしょう》なる特務機関を作って相互監視させ、さらに内行廠《ないぎょうしょう》(東廠、西廠を管理する特務組織)まで作るという有様で、「大明《だいみん》」と称するこの帝国は史上最も暗黒の時代ともいわれるほどです。

満州人の清王朝が君臨した時代、ことに康熙帝《こうきてい》後の三代は人頭税が減免され、「中国人が最も幸せだった時代」と、作家の柏楊《はくよう》は指摘しています。歴史を見る限り、漢人の時代は押しなべて暗黒の時代でした。異民族の元や清の時代の方が比較的幸せだったのは、異民族たちは特務支配について熟知していなかったからでした。

蒋介石父子の国民党政府が台湾を支配した時代、国府のCC団、藍衣社《らんいしゃ》、中統、軍統といったさまざまな特務機関が幇会《パンフェイ》組織と結合し、白色テロ(体制側による弾圧行為)の時代が長く続きました。

私の小学生時代は学校で密告の奨励運動が行われ、歌を歌いながら街を練り歩いて「共匪《きょうひ》スパイ」の自首を呼びかけ、「知情不報《ちじょうふほう》(知っていて密告しない者)は同罪」と言わされました。同じ世代の台湾人が中国人を「泥棒」「スパイ」「裏切り者」扱いし、友人にしようとしないのは、こういう背景によるのです。

私のような言論人は「不逞《ふてい》(不届き、ふらち)な台湾人」として黒名単《ヘイミンタン》(ブラックリスト)に載せられ、李登輝《りとうき》時代になるまで帰国がかないませんでした。そして二〇〇八年に国民党政府が復活してからはまた「黒道(マフィア)治国」「特務治国」の時代となります。特務一族出身の馬英九《まえいきゅう》が立法院(国会)で盗聴事件を起こし、議長の王金平《おうきんぺい》が馬《ま》と対立する騒ぎとなり、馬総統の人気は史上最低の九パーセントまで急落しました。

アメリカＣＩＡの調査では、中国留学生の八〇パーセントが特務だった時代もあるといいます。日本でのスパイ工作はマスコミや学者に重点が置かれていましたが、近年は防衛分野や企業へと重心が移りつつあるようです。プロの諜報員を育成するには時間も金もかかるので、日本に対しては私立探偵社の社員を使うことも増えています。

しかし社会が変われば、監視社会も変わらざるを得ません。中国の共産党員はすでに八千万人を超え、党の大学や企業、地方の組織や相互監視体制も緩み、崩壊に近い状態となっています。ネットユーザーは五億を超え、ネット監視員もそれまでの三十万人では不足となり、三百万人まで増員されています。

台湾の特務社会にも、内外ともに大きな変化が訪れています。かつて、政府以外の手による刊行物は指紋が残らないよう注意してごみ箱に捨てるか、封を切らずに役所に届けるかが普通でしたが、台湾流ウォーターゲート事件ともいうべき馬英九の盗聴発覚の後はどうなるか、国中が時代の変化を実感しています。

中国によるキャピタルフライトやマネーロンダリングは年々激増しており、二〇一二年には一五〇兆円を突破しています。その一部が欧米、そして日本の土地転がしに流れ込んでいるのです。台湾の「自由時報」は、冒頭であげた中国人教授の拘束理由は「恵比寿の土地買収」であると報じています。

8 それでも中国は崩壊する

かつて中国の有名な詩に「国破れて山河《さんが》あり」とありますが、ここでいう「国」とは「朝廷」や「帝室」を指すのがほとんどです。「国家とは政治的概念で、天下は道徳的観念だから、国家が滅びても国民は亡びない」という理論で、有史以来一度も亡国したことがないというのが中国人の国自慢にもなっていますが、実際はどうなのでしょうか。

改革開放後の中国は、経済力と軍事力を突出させています。経済規模は約百倍（三十倍とも）GDPでやがてアメリカを追い抜くという予想もあります。この激変ぶりから、中国は永遠不滅だとする「不滅論」や「繁栄論」「覇権論」すら出るほどです。中華経済圏では九〇年代から「二十一世紀は中国人の世紀・中国の時代」と騒がれていました。「中国は永遠不滅」からは長嶋監督の引退時のセリフ「巨人軍は永遠不滅」が思い出されますが、もちろんこれは希望を込めた言いまわしに過ぎません。永遠不滅は自然や社会の原理に反するものです。国が大きくなりすぎると永続性が増すどころか、内部矛盾が渦巻き崩壊に至るものです。ローマ帝国もモンゴル帝国もその例に漏れません。

国家の「繁栄」や「崩壊」の概念をどう規定するかによって、理想も現実も変わってくるものです。政治、社会、文化文明など、「中国の崩壊」にもさまざまな切り口があります。

そもそも「中国」とはいかなる政治実体を指すのかも解釈が分かれるところです。歴史上の春秋戦国や五胡十六国時代、モンゴル人の大元帝国や満州人の大清帝国を「中国」と見るか諸説あります。

また「二つの中国（大陸と台湾）」のあり方は、国連など国際社会でも問題になりました。中国政府は「中国はずっと存続してきた」と定義づけていますが、これはあくまで中国の史観と史説に基づく見方です。

中華世界、さらに東亜世界を国体・政体の視点で見るなら、二十世紀の清帝国、辛亥《しんがい》革命後の中華民国、国共内戦後の中華人民共和国でその都度体制が変わっています。人民共和国になってからも、毛沢東の「社会主義人民共和国」、鄧小平後の「権貴《けんき》資本主義人民共和国」では国体も政体もまったく違うのです。

中国「人民共和国」は台湾「中華民国」と国連議席をめぐって争い、結果として国連では人民共和国も「中華民国」を名乗っています。孔子の「必ずや名を正さん」ではありませんが、文字通りなら台湾が中国を実効支配しているということになります。

二十世紀初頭から、孫文は「中国の亡国滅種（種の絶滅）」を掲げて危機感をあおり、革命を鼓吹していました。中華民国時代にも、蔣介石率いる南京政府の国民革命軍が北京政府を打倒した時点で、革命元老の章炳麟《しょうへいりん》は「中華民国の亡国」を宣言しています。

その後は国民党政府が民国の主役となったものの、武漢政府、南京政府、北京政府、広州政府といった各政府が正統の座をめぐって抗争を繰り広げた結果、中原《ちゅうげん》大戦と呼ばれる内戦で蔣介石が勝利を収めます。

その後も日中戦争で「中国必亡論」が唱えられるようになり、私の小学生時代にも中華民国政府は盛んに「人民共和国の共匪《きょうひ》の必亡」をあおっていました。そして文化大革命で経済も党組織も崩壊し、残ったのは解放軍のみでした。その後は日本でも「人民共和国の崩壊」が語られるようになります。

再起した中国は改革開放路線をひた走り、経済は好調となりました。「中国の振り子」と呼ばれる左派・右派路線の抗争は表面に出なくなったものの、今度は党の外から民主派が現れ、共産党のプロレタリア独裁が崩壊した後の民主主義政権の座を狙っています。

プロレタリア独裁は一見安定していても、実際は一人の国家指導者が党政軍の三権を牛耳らない限り体制を保てません。この独裁体制を支えているのが、いわゆる「両桿子《リャンカンツ》」であるペン（マスメディア）と銃（武力）です。

現在の中国は経済と軍事で突出する一方、経済格差と「無官不貪《むかんふどん》」と呼ばれる官僚汚職にむしばまれています。そのため、宋平《そうへい》のような反主流派、胡錦濤をはじめとする党の長老に至るまで、亡党亡国の危機感に怯えており、「崩壊論」「亡国滅種論」も二十年来絶えることがありません。

「滅種論」は医学分野から出されています。環境悪化と有毒食品によって、不妊率はここ三十年間で二〜三パーセントから二五パーセントに増え、一億二〇〇〇万組の夫婦が不妊とされています。少子高齢化どころか、有害食品問題や環境問題が改善しない限り五十年後には「種の絶滅」が避けられないと、中医学会は警鐘を鳴らしています。

経済繁栄論も、資源が無尽蔵にあり、環境破壊も阻止できる、という仮定の上でなら可能です。しかし中国の経済成長はすでに三十年間続いており、半永久的に持続することはありえません。中国だけ例外というわけではないでしょう。

高度成長を持続させ、さらに年間一五〇〇万〜二〇〇〇万人の雇用を守るには、ＧＤＰ

の八～一〇パーセントの成長を維持しなければなりません。この「最低八パーセントの成長」を中国では「保八《パウパア》」と呼んでいますが、実際には不可能であることを政府が明らかにしています。

特にシャドーバンキングの問題が表面化してからは、三百兆円の不良債権を抱えて地方政府の崩壊も秒読みに入っています。習近平が「ラストエンペラー」と呼ばれる理由の一つでもあるのです。

９　中国の強欲にどう対処するか

近代中国人、ことに二十世紀以降の中国人は物質面だけでなく、心や魂の面も飢餓状態にあります。民間学者の王力雄《おうりきゆう》氏は「人口最多、資源最少、欲望最高、道徳最低」と指摘していますが、これが現実です。王氏はこれらを「四最《しさい》の危機」とし、中国の終焉に警鐘を鳴らしています。

私は仏教的な因果観から、「人口最多、資源最少」が因《いん》、「道徳最低、欲望最高」が果《か》だと考えています。尖閣諸島や沖縄に対する理解不能な領土主張に危機感を覚える日本人は増えていますが、領土問題をめぐっては中印、中ソ、中越などで現実に限定戦争が起きているのです。近年では南シナ海、東シナ海、さらにハワイやウラジオストクまで「中国の固有領土」主張に含まれています。

中国の領土主張は主に「歴史」を盾とし、「武力」を後ろ盾に、いわゆる「三戦(世論戦・心理戦・法律戦)」を戦略的に展開するものです。古典に書いてあるという根拠だけでは弱いので武力を用いて恫喝するのです。

武力行使も躊躇しないのは、政敵を前線に送り込んで外敵に消してもらう内ゲバが政治の仕組みになっているからです。中国の主張する荒唐無稽な論拠をまとめてみましょう。

①中華世界に君臨した外来の征服王朝も含めた中華帝国時代の歴代王朝が一度だけでも征服した土地。

②中国と訪問・交流、または「朝貢《ちょうこう》」関係を結んだ国の領土は全て「固有領土」と見なされる。チベット、ウイグル、モンゴル、満州などがその例である。極端になると、明の宦官で回教徒(イスラム教徒)でもあった鄭和《ていわ》が南海に遠航した際に訪問した国まで朝貢国扱いし、「中国が強くなったらすべて回収する」と公言する。

③中国の古典に文字として記載された土地、あるいは明らかに侵略したことが記載されている土地。高句麗、尖閣、琉球、南シナ海の島嶼《とうしょ》など。

中国の古典に「天下王土に非《あら》ざるものなし」、すなわち天下（世界）の土地はすべて中国のもの、という王民王土の天下観があるのは事実ですが、国民国家の時代には通用しません。「強くなったら回収する」も空威張り以上のものではないのです。

このような主張は一方的なものばかりで、これに反論しても無視されるだけです。「理」や「法」に基づいた言い分ではなく「勝てば世界はすべて自分のもの」という理屈です。そもそも、こんな主張が常識的に通用するはずはありません。反証・反論も列挙してみましょう。

まず、そもそも中華帝国は陸禁と海禁が厳しく、禁を犯す者は自ら皇土皇民を捨てた「棄民」と見なされ、帰国すら禁じられていました。一族や村丸ごと抹殺される場合もあったほどです。中国にとって海は暗黒の領域であり、領土化するのをむしろ拒否してきたのでした。

中ソの国境紛争をめぐっては、ソ連のフルシチョフ総理が「古来、中国の国境が長城を越えたことはなかった。もしも古代の神話を持ち出して理不尽な要求を続けるのなら、宣戦布告以外の何物でもない」と述べています。

ネパールのコイララ総理も「中国人は有史以来、一人としてヒマラヤに登頂したこともないのに、よくもヒマラヤを中国の領土だといえるものだ」と発言しています。いずれも正論ですが、中国は「受けて立つ」というばかりです。

主張の根拠となる古典についても検証してみましょう。『尚書《しょうしょ》』の禹貢《うこう》篇にある「島夷《とうい》卉服《きふく》」という記述について、「学者によれば」と前置きした上で、「島夷とは台湾のことであり、ほとんど無人島である南沙諸島に至る島々もここに含まれる」として「中国の絶対不可分の固有領土」の証拠としているのです。

『三国志』や『隋書』にも、「遠征軍が『島』から軍船で数千の島民を連れ帰った」という記述があります。中国によればこの「島」は台湾とされていますが、日本や琉球も「島」に違いありません。仮に台湾のことだとしても、「軍船で連れ帰った」は強制連行以外の何物でもないでしょう。これが「絶対不可分の固有領土」の証拠になるなら、中韓の主張する「日本軍による強制連行」によって、中韓は日本の固有領土に組み込まれているということになります。

また、古典に書いてあることが根拠になるというなら、『明史』をはじめとする百以上の資料で「台湾は古《いにしえ》より中国に属せず」と明記されています。こんな理不尽な主張で世界に「三戦」の言論戦を展開するだけでなく、反分裂法なる法律まで作って法律論に結び付けようとするのですから、結婚もしていないのに「離婚反対」を叫ぶようなものです。

万事この調子で、満州事変の起こった九月十八日を「国辱記念日」として宣伝戦に利用し、満州を「中国の絶対不可分の固有領土」として日本をはじめとする世界に認知させようとしています。

尖閣には「三戦」の手も伸びています。中国は七〇年代から唐突に「尖閣諸島は中国の固有領土」と主張するようになりましたが、私が、その根拠として引用されている六十以上の典拠をチェックしたところ、誤記が一ヵ所、それ以外は「固有領土」の根拠などまったくありませんでした。もっとも有力なものでも、せいぜい「明の船などが近くを通過した」とあるのを勝手に解釈しているだけです。

私は以前、元外務省国際情報局局長の孫崎 享《まごさきうける》氏の講演会で質問したことがあります。鳩山元総理に「沖縄米軍基地を少なくとも県外移転すべきだ」とアドバイスしたことを自慢げに語り、尖閣諸島についても中国の主張を代弁している氏に対し、「著書に列挙されている中国の尖閣領土主張の典拠について原典はチェックしたのか」と問いただしたところ「必要ない」というぶっきらぼうな答えが返ってきました。

中国は「本当のことを言うのはペテン師のみ」と自ら認めるような国であり、それを知っている人なら言行の真偽をチェックするものです。中国の宣伝をわざわざ代行するのは、犯罪ではなくても不誠実極まりないことです。

古典の記述が根拠になるなら、『皇清職貢図《こうしんしょっこうず》』「嘉慶法典《かけいほうてん》」がイギリス、オランダ、バチカン法王庁までを朝貢国としていることを根拠に「イギリスは中国の固有領土だ」と主張できることになります。

この「欲望最高」の隣国に毅然として対応しないと、尖閣が中国の「核心利益」とされてしまうのみならず、いずれは沖縄、やがて日本列島まで「東海省」「倭族《わぞく》自治区」にされてしまう危険すらあるのです。

10 ますます強くなる中華思想

「中華思想」については、戦前からしばしば取り上げられてきています。「中華思想は昔は存在したが、今ではなくなっている」という説がある一方、「むしろ強くなっている」という意見も少なくありません。

そもそも中華思想とはいったいどういう「思想」「主義」なのでしょうか。日本人の常用語としての「中華思想」と中国人意識の中での「中華思想」は必ずしも同一なものではありません。

孔子は『論語』で「仁」について百回前後も語っているものの、弟子から「仁とは何ぞや」と質《ただ》されても、言を左右にしてばかりではっきり定義していません。二千年以上にもわたって「仁とは何か」と論議を重ねても、結論は出ていないのです。

「仁とは何か」「義とは何か」を定義できないように、イギリスの思想家ムーアは「善は定義できない」と定義しています。「中華思想」もまた儒家、道家、法家、墨家といった思想には属しておらず、中国思想の総体でもありません。では「中華思想」もはっきり概念規定することはできないのでしょうか。

中華思想は中華文化・文明から生まれた諸家諸流の主義、主張、思想、信仰というより、中国的あるいは中国中心的な物の考え方と見方であり、優越意識をもつ中国的価値観、人生観、国家観、世界観ともいえます。中華思想そのものがすなわち中国的性格や国民性というわけではないものの、中華思想の中心には、中国的性格の反映ともみられるものが少なくありません。

私は中国的なものの考え方と見方について、以下のように考えています。

世界意識――天下主義（中国は一つ、世界も一つ）
自我意識――唯我独尊（われこそ天下一）
空間意識――中心主義（中国は天下の中心にある。中心志向）
歴史意識――正統主義（中華文明の正統なる後継者という見方）
種族意識――華夷《かい》主義（文明の中華と野蛮な夷狄《いてき》を分ける）
政治意識――徳治主義（道徳で天下を治める）
時代意識――尚古主義（昔は今より素晴らしかった）
価値意識――文化主義（中華文化は天下無双）
国家意識――大国主義（国家は大きいほどよい）
理想国家――天下統一（天下万民をすべて一つの統一国家にする）
理想社会――大同社会（大同・平等主義的同一性と同質性のユートピア世界）

以上に列挙したようなものの見方と考え方は、一見多様的多義的ですが、実は互いに関係しあった一つの思想的システムにもなっています。

中華思想とは、きわめて自己中心的、自国中心的であるがゆえに、人間関係、国家外交でさえ、きわめてご都合主義です。その天下中心主義的な天下国家観の具体的な表れが一君万民制であり、唯我独尊の人物やら独裁専制の体制が生まれてくるのです。

皇帝制がなくなっても唯一者の残像は残り、「人民専制」が続いています。人民共和国の国家主席は、現代の皇帝以外の何物でもありません。このような中心主義的独裁体制を維持していくには、つねに天下大一統主義でなければなりません。そこで体制維持をはかるためには、富国強兵の強国主義でなければならないので、強国主義からおのずと大国主義意識が生まれてくることになります。

こうして生まれた唯我独尊の意識は、自然的に優越意識となり、そこで育まれた種族意識が華夷《かい》思想です。中原という文明開化の地の周辺には南蛮《なんばん》、北狄《ほくてき》、東夷《とうい》、西戎《せいじゅう》などの四夷八蛮《しいはちばん》に囲まれていると考えられており、そこから生まれた歴史意識が華夷史観です。

中華思想から生まれた政治的文化的優越意識は力ではなく、文化や道徳による政治が徳治主義、王道思想＝人治主義であり、道徳主義です。

しかし、徳治主義はあくまでも理論的な世界、空想的、ユートピア世界にしか存在しないものです。だから力による易姓革命《えきせいかくめい》、「馬上天下を取る」という強盗理論の美化に落ち着くしかありません。

そして中華思想は今でも健在、どころかますます強化されていると私は考えます。チベットへの侵略を「農奴解放」と称し、日本を「小日本」とさげすむところからは、自らを偉大な「華《か》」、チベットや日本を野蛮で無力な「夷《い》」と考えているのは明らかです。

かつて明や清が一時的に支配していた土地に対して「中国固有の領土」と主張するのは、昔は今よりよかったとする尚古主義の表れともいえるでしょう。かつての理想の中国を取り戻すことこそ民族の悲願であり、だから今でも「中華振興」をスローガンにしているのではないでしょうか。

ただ徳治主義、文化主義とはいっても、今の中国を道徳の国、文化先進国と思う人はあまりいないでしょう。天下主義、大国主義ばかりが肥大化しているのが今の中華思想の特徴であり、それが中国の今の姿ともいえます。

11 文明自殺後の中国の未来は

最近、「中国が崩壊する」あるいは「中国が脅威になる」という言説をよく耳にします。「崩壊と脅威などそもそも矛盾だ」という指摘もありますが、この二つは必ずしも矛盾しません。「崩壊したら脅威になる」可能性も十分にあるからです。

事実、一九八九年の天安門事件後に行われた欧米の対中経済制裁に対し、最高実力者だった鄧小平はこう警告しています。

「もしその経済制裁によって中国経済が本当に崩壊でもして、難民が二億人も流れ出たら、困るのは周辺諸国ではないか。それでもよいのか」

二億人といえば、日本の人口を軽く上回る数です。それだけの難民が一斉に発生したら、周辺諸国のみならず世界で大混乱が起こるでしょう。また実際に中国が崩壊に瀕した場合、最後の賭けとして仮想敵国を作り、対外挑発に出るということも起こり得ます。過去にはインドやソ連、ベトナムが標的になりましたが、これからは日本や台湾が的にされる可能性も決して低くないでしょう。歴史問題であれ領土問題であれ、口実はいくらでも作れるのです。

もちろん崩壊を抜きにした脅威にも、十分に警戒すべきものがあります。

かつて「黄禍《おうか》（黄色人種の脅威）」「赤禍《せきか》（社会主義革命の脅威）」といった中国脅威論がありましたが、現在の「中国の脅威」は非民主主義、人口の膨張、密入国、凶悪犯罪、軍拡など非常に多義的です。

中でも中国の軍拡を危惧する声は各国から出ており、中国はこれに猛反発してきました。反発する根拠はおおむね次の三つです。

まず「中国の軍拡は国防の近代化に過ぎない。軍事超大国である日米と比べれば、中国の軍事費は微々たるものだ」、これは日米脅威論というべきでしょう。しかし実際は数字を捏造し、問題をすり替えているだけです。

それから「二十一世紀は中国の世紀だ。中国の経済発展は世界経済に貢献し、世界平和にも不可欠である」という中国繁栄論ですが、これは軍事的脅威を経済的脅威とすり換えた論法です。

そして「日米こそ世界を狙う侵略国家であり、中国が外国を侵略したことは一度もない」という平和崛起《くっき》論（崛起＝台頭・勃興《ぼっこう》）があります。今現在侵略されているチベットは

「農奴解放であって侵略ではない」と言いたいのでしょうが、鵜呑みにする国はありません。

「中国は四千年間、滅亡することなく存続し続けてきた。夷狄《いてき》に何度征服されても、優れた文化によって逆に夷狄を征服したのだ」というのもよく聞きますが、もちろん「正しい歴史認識」などではありません。征服王朝である元や清は漢人をあからさまに差別していましたし、明末、清末を経験した人間が強い亡国意識を抱いていたのは間違いないところです。

アヘン戦争後は洋務(自強)運動や戊戌維新《ぼじゅついしん》(一八九八年の康有為らの変法維新)といった改革を行おうとしたものの、ことごとく失敗しています。王政復古や明治維新をほとんど無血でなしとげた日本のようにはいきませんでした。西洋の文化や精神をまったく受け入れず「富国強兵」だけを推し進めてもうまくいくはずがありません。日本が明治維新後も「尊王攘夷」に固執し続けていたら、あの驚異的な文明開化はありえなかったでしょう。

その一方で西洋に「毒される」ことを恐れて外国人やキリスト教徒を弾圧する「義和団の乱」を起こしたことで欧米列強を敵に回し、清崩壊の一因を作ることになったのです。

帝国崩壊後、数十年の内戦を経てようやく統一された人民共和国でも、文化大革命では儒教などの旧文明がことごとく否定され、今度は自国民の大虐殺が起こりました。

改革開放後は「社会主義の道、プロレタリア独裁、マルクス・レーニン主義と毛沢東思想、中国共産党の指導の堅持」という「四つの堅持」を掲げる一方、「社会主義新文明の創出」をうたったものの、やはり掛け声で止まっています。人民共和国の屋台骨だった社会主義や人民公社もとうに解体されてしまいました。

また領土拡張で多くの文明を強制的に統合していますが、文化的・民族的な統合ではなく政治的な「中華民族」の枠に無理やりあてはめれば、文化虐殺に陥るしかありません。中華の徳に感銘した異民族が進んで帰順した、というのもはるか昔の話で、今は進んで華化されようとする国などないでしょう。国内の文明衝突に明け暮れる一方、外部で文明衝突する力はなく、軍事力を背景に恫喝するばかりになっています。

さらに「修身《しゅうしん》・斉家《さいか》・治国《ちこく》・平天下《へいてんか》(自分の行いを正しくし、次に家をととのえ、次に国家を治め、天下を平定する)」に代表されるように、中国は伝統的に「家」意識の非常に強い国です。政党でも企業でも中枢は一族で固め、身内の利益を守って結束を図るのが普通です。

しかし一人っ子政策によって、間引き、男女数の不均衡(間引かれるのは圧倒的に女子が多いため）による男女差別、一人っ子に対する過剰な甘やかし、無戸籍児（黒孩子《ヘイハイツ》）の増加にくわえ、家族制度の崩壊が大きな社会問題となりつつあります。

　一人しかいない娘が嫁いで行ってしまえば、跡取りのいなくなった家は断絶するしかありません。親から子へと受け継がれていく伝統的な家族制度は今危機に瀕しています。とはいえ人口過剰な中国で一人っ子政策を中断するわけにもいかず、中国の「家」そして「国」は確実に崩壊しつつあります。

12　中国人は魂のないカカシ

「日本精神」「大和魂」という言葉はよく聞きます。では「中国精神」「中国魂」なるものは存在するのでしょうか。

　スローガンとしてはよく耳にします。たとえば毛沢東を崇拝しながら若くして殉職した人民解放軍の兵士を理想化した「雷鋒《らいほう》精神」、抗日戦争中の共産党軍の精神を持ち上げた「延安精神」、毛沢東の「農業は大寨《だいさい》に学べ、工業は大慶《だいけい》に学べ」にちなんだ「大寨精神」「大慶精神」などです。

しかし実際、「中華思想」はあっても「中華精神」はありません。はるか古代の殷《いん》の時代には原始神道のような信仰があったと見られていますが、その後は世俗化が進み、北方の「天」信仰と南方の「鬼（祖先）」崇拝しか残りませんでした。孔子も「生さえ知らず、いわんや死をや」「鬼神を敬してこれを遠ざく」という無神論で、仁や義について説くことはあっても魂や精神を論ずることはありませんでした。

そもそも儒教は「儒学」とも言われるように、宗教というより倫理規範に近い思想です。いわゆる宗教的色彩は道教の方がより強いのですが、多神教的かつ土俗的であって、仏教やキリスト教のような高度な精神性はありません。

儒教は人間に救いや心の安らぎを与えるものではないため魅力に乏しく、強制しない限り外界には広がっていきません。インドで生まれた仏教が一時ユーラシア大陸の東側を席巻し、中華世界までもが仏教文化を受容したことはあっても、中華文化がインドに受け入れられることはありませんでした。

また儒教を仮に宗教と位置付けるなら、その性質は一神教というより、むしろ無神教というべきでしょう。内的な信仰心が薄れると実利的・現実的な性格が一層強まり、欲望ばかりを追い求めるようになります。

こうして心や魂を失った中国文明と他文明の摩擦は、儒教徒側による物理的・文化的な虐殺という形で現れるようになりました。仏教弾圧の「三武一宗の法難」や回教徒（イスラム教徒）虐殺の「洗回」、キリスト教絶滅を狙った「義和団の乱」などがその例です。

現在の社会主義中国でも「宗教は人民のアヘン」として攻撃対象となっており、毛沢東だけが唯一神のような状態になっています。自ら魂を否定するカカシのような人間に「中華精神」などあるはずもありません。

一方、子供が生まれれば神社にお参りし、チャペルで結婚式を挙げ、死ねば寺で葬式を営む日本も無宗教と考えられがちです。しかしこれは、伝統文化も新来文化も受け入れて共存することができる日本ならではの寛容性といえるでしょう。

特定の宗教を固持する人が少ないだけで、日本人に心や魂がないわけではありません。

二〇一三年、ＪＲのホームに転落した女性客を助けるために乗客が力を貸した、という報道がありました。三〇トンもある車両を、三十数名が降りて一丸となって押して傾ける光景が海外で紹介され、大きな反響を呼びました。

イギリスでは「イギリス人なら、乗客はホームで見物するのみに違いない」と日本人の団結力を褒め称え、中国メディアさえ珍しく「社会の成熟度の証明だ。中国人ももっと学ばねば」と好意的に報道していました。

また一九九九年の台湾中部大地震では、真っ先に駆けつけたのが日本の救援隊で、彼らが帰国するとき空港の税関員は総立ちで見送り、拍手が鳴りやみませんでした。二〇〇八年に起こった四川省の震災でも日本の救援隊が活躍し、死者には黙祷を捧げる姿が多くの人の心を揺さぶりました。阪神大震災や東日本大地震の際も、秩序ある救援活動や、略奪や暴動もなく耐える被災地の人々の姿が世界で賞賛されています。

困っている時にごく自然に助け合える、思いやり合える。それこそが日本人、というより人間として持つべき心というものでしょう。

一方、資本主義市場経済で世俗化が進む中国で「道徳最低」の精神荒廃が進んでいることも先に触れたとおりです。

二〇一一年には広東省で二歳の子供が車にはねられたのにもかかわらず、十八人もの通行人がこれを無視して通り過ぎるという事件が起こりました。中国では怪我人を助けた人がその怪我人から逆に訴えられて犯人扱いされるという事件が頻発しており、「関わり合いにならない方が身のため」と考える人が多かったのかもしれません。しかし目の前に死にかけた子供がいるのに誰も手を差し伸べないとは、まさに「心無い」というべきではないでしょうか。

儒教の国では一番大事なはずの道徳を投げ出すことで自国文化を否定する一方、自国を捨てて外国に逃げだす中国人は後を絶ちません。これこそが文明の自殺、文明の崩壊なのです。

領土拡張、軍拡、経済発展、海外進出と、一見華々しく大国化の道を歩んでいるかに見えて、そのすべてが文明の死へと向かう行進なのです。シュペングラーやトインビーらは西洋の没落を予言する一方、それに対するアンチテーゼとして中国を過度に評価していますす。しかし「中国の飽くなき発展」が実は破滅へと向かう膨張であることには気づきませんでした。

中国は仮想敵国作りに夢中ですが、「文明は滅ぼされるのではなく自ら滅びる」というトインビーの言葉の意味を、今一度噛みしめておくべきではないでしょうか。

13「中華民族の偉大なる復興」の解読

中国共産党十八回大会の後、習近平が胡錦濤の後を継いで党政軍の全権を握り、名実ともに国家の指導者となりました。その時国民に掲げたスローガンが「中華民族の偉大なる復興」です。これは指導者としての単なる決断・目標なのか、あるいは共産党の総意であり、全中国人の夢なのでしょうか。

かつて毛沢東の時代、社会主義建設のために「社会主義総路線」「三面紅旗《さんめんこうき》(総路線・人民公社・大躍進)」といったスローガンを掲げて政策が断行され、ついには文化大革命の決行に至っています。

一九八九年の六・四天安門事件後に国家指導者となった江沢民は、「社会主義の四つの原則(社会主義の道、プロレタリア独裁、共産党による指導、マルクス・レーニン主義と毛沢東思想)堅持」を掲げながら「社会主義市場経済」も標榜しました。それ以外にも「愛国主義、民族主義、中華振興」を国是国策として提示しています。これは中国人にとって、決して矛盾ではありません。

近現代において「資本主義か社会主義か」「自由か平等か」は両立できないものであり、どちらかを選択しなければならないのが常識です。しかし中国の常識ではありません。

中国は建前と本音を使い分ける国であり、対立する両看板を掲げても違和感がありません。はっきりさせるのは逆に困るのです。

十九世紀のアヘン戦争後に推進された洋務（自強）運動は「中体西用《ちゅうたいさいよう》」をうたっていました。ソフトが中華でハードが西洋という、いわば「華魂洋才」です。かつての社会主義中国、そして現在の資本主義（権貴《けんき》資本主義ともいわれる）中国が、いずれも「人民共和国」を名乗っているのも矛盾ではありません。「社会主義（中体）市場経済（西用）」の併用も、驚くには当たらないのです。

九〇年代の江沢民の時代から「中華振興」はスローガンの一つとされてきました。改革開放がスタートすると「富強（富国強兵）」が掲げられましたが、自強運動、戊戌《ぼじゅつ》維新、辛《しん》亥《がい》革命、文革といった運動や改革、革命はすべて富国強兵を目的としていました。これはアヘン戦争以来百年以上続く中国の夢ともいえるでしょう。

では今の中華人民共和国政府はなぜ「支那《しな》」の名を忌避し、「中国」「中華民族」にこだわるのでしょうか。一言で言うと、そこには政治的目的が隠されています。

そもそも「支那」は千年以上前の唐の時代、インドの経典の言葉を訳した訳語でした。二十世紀初頭までは代表的な中国の文人も用いていた言葉です。現在「支那（China）」の使用を禁じられているのは、かつて朝貢秩序で従属国だった国々、そして日本だけです。「中国」の国名は二十世紀に入ってから使われだしたものです。しかし当時、イギリスやフランスが国家として国名があり、「中国は天下であって国家でない」とされていたのです。そのためこの時代は、革命派や維新派、無政府主義者までがさまざまな国名を提唱していました。「大夏《たいか》」「華夏《かか》」「中華」など多くの案の中から、辛亥革命後に立憲派によって選ばれたのが「中華民国」だったのです。必ずしも「中国」にこだわっていなかったのが分かります。

清末期には、康有為《こうゆうい》や梁啓超《りょうけいちょう》らの中華民族主義と、「韃靼《だったん》駆逐、中華回復」をかざす章炳麟《しょうへいりん》や孫文らの大漢民族主義の論争が続きました。その結果、清帝国の遺産を相続するために選ばれた民族名が「中華民族」です。

中華世界、大きく見て東亜世界は、古代の中原には夏人《かじん》、殷人《いんじん》、周人《しゅうじん》からなる華夏と称される混合文化集団があり、華人(漢人)を主役とする世界だけではありませんでした。漢人は漢や宋、明を作ったものの、北方遊牧民族としての五胡、契丹《きったん》、女真《じょしん》、モンゴル、満州など多くの民族が中華の地を征服し、歴史を共有してきたのです。

始祖アイシンカクラ・ヌルハチが満州の森林で立ってから、六代二百年にわたって版図を広げ、中国のみならずモンゴルやウイグル、チベットを征服したのが清帝国です。ロシアやオスマン・トルコとも肩を並べる世界帝国でした。しかし中華民国から人民共和国に至る約百年間の民族政策は、五族協和の多民族世界(天下)帝国とはまったく逆のものだったのです。

二十世紀以降の中華民族主義は共和共生ではなく、漢族を中心に同化を強要する、民族主義というより華夷《かい》主義の延長としてのアンチナショナリズムでした。以前はショウヴィニズム(沙文《さぶん》主義)とも呼ばれていたものです。

「中華民族」とは、漢族への同化を強制し、ダライ・ラマ十四世のいう「文化虐殺」を正当化するための幻の民族です。「偉大なる復興」とは、中華世界の正統なる継承国家・継承民族として、清帝国が征服した東アジア世界の最大版図(明の三倍)の再征服を意味します。そして同時に、中華天朝《てんちょう》秩序の復興(復活)を目指すという公開宣言でもあるのです。

中華帝国は、ずっと海を忌避する大陸の政権でした。胡錦濤が「海の強国を目指す」と公言したのは、まさしく陸から海への進出を目指す、パックス・シニカの宣言以外の何物でもありません。

「中国はすでに強くなった。これからの世界は中国が決める」という主張は、十三億の人民を刺激することで、政治腐敗や経済・社会の格差、深刻な環境危機を忘れさせることを目指すものです。共産党だけでなく全国民にとっても夢だからこそ、大々的に、しかも繰り返し強調するのではないでしょうか。

第3章　韓国との最も正しい付き合い方は「交遊謝絶」

1 韓国の「正しい歴史認識」はファンタジー

韓国の朴槿恵《パククネ》大統領は、五月に訪米した際、オバマ大統領に「北東アジア地域の平和のためには、日本が正しい歴史認識を持たなければならない」と訴えています。しかしもちろん、朴大統領のいう「正しい歴史認識」とは韓国でしか通用しない独善的なものでしかありません。

日本と韓国ばかりでなく、北の朝鮮と南の韓国でも「正しい歴史認識」は異なります。国内の諸勢力でも歴史認識は同一ではなく、実に身勝手な主張です。「北東アジア地域の平和」を口にすること自体、「正しい歴史認識」がないことを証明しているようなものです。

戦後史を見れば一目瞭然ですが、日本は半世紀以上の間、内戦も国家間戦争も経験していません。北東アジアの安定勢力として平和を保ってきたのです。中国でも党元老の陳雲《ちんうん》のように「二十一世紀になって、日本軍国主義はまた中国を侵略する」などと予言する者がいますが、当然根も葉もありません。「安倍総理は極右」「軍国主義者」と騒ぎ立てる狼少年もいますが、日本に「狼」などいないことは世界の常識です。

ここまで言う朴大統領は、はたして歴史や現実に目を向けているのでしょうか。「灯台下暗し」ではありませんが、もっと自分の足元を見つめ直すべきではないでしょうか。

まず日本との合邦前、李朝《りちょう》時代の半島には江戸時代のような市場や近代的貨幣・財政制度もなく、道路らしい道路もありませんでした。すなわち人的・物的流通がなく、約七万の村が自給自足に近い生活をしている原始社会だったのです。

輪を曲げる技術もなかったので台車や牛車、馬車さえ作れません。インフラもほとんど存在しない鎖国状態だったのです。筑波大学の古田博司教授によれば、古代のマヤ文明と似ているとのことですが、ずっと半島にとぐろを巻いたのは千年以上の間，中華帝国の歴代王朝と朝貢冊封関係を結び、属国と認められていたからでした。

三韓時代、三国時代にさかのぼっても、半島は決して一枚岩ではありませんでしたが、日韓合邦によってようやく一つにまとまりました。二十世紀に入って国民教育が導入されましたが、当初の目標は中国と同じ就学率二パーセント普及でした。さらに日本からの年一五～二〇パーセントの補塡金(大正九年を除く)がなければ、朝鮮総督府さえ倒産を避けられなかったのです。

そして朝鮮人は列強・日本の国民の一員として、満州をはじめとする世界へと雄飛していったのです。李朝時代以来の伝統だった朋党の争い(内部抗争)は半島から締め出され、内紛の場は中国や満州、シベリアに移ります。満州移民をめぐり、漢人と韓人の間で万宝山事件(一九三一年、水利を原因に満州で中国人と朝鮮人が衝突した事件)のような殺し合いも起こりましたが、もちろん日本人のせいではありません。

戦後、日本という安定勢力がなくなった北東アジアでは国共内戦が再燃、朝鮮戦争も勃発します。金九《キム・グ》や呂運亨《リョ・ウニョン》ら朝鮮の独立運動家たちも、内部分裂で自民族に暗殺されたのでした。自分たちの住む半島の平和さえ守れない韓国人が、北東アジア地域のバランサーだの平和だのを云々《うんぬん》しても、これこそ韓国人が好んで口にしたがる「妄言」に過ぎません。

「朝鮮動乱で一千万人の離散家族が出たのは日本のせい」などと言っても、韓国人にしか通用しません。朝鮮戦争は米ソ施政下で起こった戦争です。GHQ占領下にあった日本人が、内輪もめでしかない朝鮮人同士の殺し合いに関係しているはずはありません。

半島の泥仕合のさなか、百万人の中国軍が北から入って半島を蹂躙《じゅうりん》しました。韓国と中国の国交樹立当初、韓国では「正しい歴史認識」に基づき、中国政府が謝罪するのではないかという世論が沸騰します。ソウルオリンピック以上の熱狂ぶりでした。

しかし初代駐韓大使・張庭延《ちょうていえん》は「そんなことはあるはずがないし、これからも絶対に遺憾の意を表明する必要はない」と一喝します。それ以来、韓国は中国に対し、一切「反省と謝罪」を口にしていません。この一喝こそ、中華史観に基づいた「正しい歴史認識」なのです。

訪米の直後、朴大統領は中国へと外交行脚を進めましたが、「正しい歴史認識」どころか習近平主席に平身低頭するばかりでした。習は三年前の副主席時代、中国の朝鮮戦争出兵について、さすがに「韓国の不義を討った」とは言わないまでも「正義の戦争だった」と公言しています。これが中国流の「正しい歴史認識」であり、韓国はこれに文句を言えません。

李朝時代の朝鮮には、清への忠誠を示す「迎恩門」「慕華館」「頌徳碑」がありました。今は残っていないものの、現代の対中外交はやはり北京への朝貢使を彷彿《ほうふつ》させます。韓国の歴史を知る人なら、おそらく多くが同じ思いを抱くでしょう。

最近の韓国メディアは「加害者と被害者の立場は千年の歴史が流れても変わらない」のような朴大統領の言葉を繰り返し報道していますが、戦後のハングル世代が「正しい歴史認識」を持つことは絶対不可能です。

もともと朝鮮語は客観性と科学性の欠如した言語構造です。しかも漢文という一知半解の文章体系からさらにハングルに訳出した歴史しか知らないのでは、歴史を知るにもおのずと限界があるのです。

韓国のいう「正しい歴史認識」とは戦後の創作であり、小説・偽史でしかありません。

2 「事大一心」の韓国はバランサーになりえない

韓国は「漢江《ハンガン》の奇跡」で急成長し、さらに二十九番目のOECD加入国となって自信を得ました。その自信ゆえか、金大中大統領は「韓国は国際力学や国際秩序におけるバランサーになりたい」と国際舞台への意欲を示しています。

しかしそれは「絶対に」無理なのです。その理由を次にまとめてみました。

1、「二十一世紀は韓国人の時代」と強気に発言する向きもあるが、それは実力の伴わない「夜郎自大(自分の力量を知らずに威張ること)」でしかない。少なくとも「二十一世紀は中国人の時代」よりもさらに可能性は低い。歴史的にも中華の「千年属国」に甘んじてきており、根拠もないのに明るい未来を語っても意味はない。

2、創造性の欠如は最大のネックの一つである。地政学的に見て、半島は海と陸との十字路であり、バルカン半島のギリシャ、イベリア半島のスペインやポルトガルはすぐれた文化や文明を創出し、人類史に大きな貢献を果たしてきた。しかし朝鮮半島には創造性も主体性もない。近年ネット世代には「日本の文化や文物はほとんど韓人が教えたもの」「孔子も始皇帝も韓人」「漢字を作ったのも韓人だ」というウリナラ(我が国)自慢がはやっているが、自慢というよりまったくの虚言である。属国の歴史はあっても独自の歴史はなく、抵抗の英雄がいても遠征の英雄はいない。資本も技術もなく、すべてが他力本願の半島が、国際力学のバランサーとなるのは不可能だ。

3、どこへ行っても人の素行は悪く、信頼や信用は最低、というのが定評になっている。中華の属国時代は宦官《かんがん》と貢女《こうじょ》の産地だったが、権威を笠に着る韓人の宦官や貢女は「悪の象徴」のようなものだった。いかなる中国王朝でも韓人は軽蔑されていたことが、両班《ヤンバン》の残した記録からも読み取れる。現代でも韓人の評判は芳しくない。日本に対するゆすりたかりで嫌韓感情が広がっているだけでなく、ベトナム人、フィリピン人、台湾人、黒人などへの差別は他国の顰蹙《ひんしゅく》を買っている。誰からも信用されない民族が、どうしてバランサーになれるのか。

4、「事大一心」は小国としての生存条件であり、同情に値する。しかし「経国の大事」としてそれに専念するあまり、時勢の変化に対応する力がない。結果的に「大国人」や米ソに振り回されてばかりいて、列国のバランサーどころではない。

西洋文明の優位が確立されたのは大航海時代後のことです。それと同時に西洋の価値体系が徐々に形成されてきましたが、それは物質面ばかりではありません。ハードウェアでもソフトウェアでも優位に立ったからこそ、近現代の国際秩序が生まれたのです。

西洋植民地もこのような時代の産物といえるでしょう。日本、中国、タイだけが植民地化を免れたのは「日本は強すぎる、中国は大きすぎる、タイはずるすぎる」せいだと言われています。皮肉を込めた言い回しですが、ある程度は本質をついています。韓国に、世界を引き付けるほど魅力的なソフトウェアがあるか、バランサーとしての役割を期待されるほど信頼されているか、というと否と言わざるを得ません。

韓国の国格のみならず、韓人の品格が世界の信頼と尊敬を得ない限り、国際舞台での活躍はありえません。魅力ある国づくりどころか、小中華根性丸出しの現状では、バランサーどころかどこの国にも相手にされないのは明らかです。

韓国人に国際的な人気がない理由の一つが、歪んだ優越意識からくる弱い者いじめ、人種差別です。日本では在日朝鮮人差別がよく取り上げられますが、韓国における在韓中国系朝鮮人や在韓台湾系華人、そして黒人に対する差別のひどさについてはあまり知られていません。

以前にロサンゼルスで、黒人やヒスパニック系による韓国人商店の焼き討ち事件が起きたことがあります。韓国マスコミはこれを「成功した韓国人に対する恨み」「生活レベルの低い黒人の嫉妬」と報じました。自分の優越性、相手の劣等性を信じて疑わない態度こそ、中華思想の最たるものといえるでしょう。

民族意識は、自分の民族としての優越性を土台としています。日本のように自虐一色で卑下するのもどうかと思いますが、度を過ぎれば人種差別、弱者いじめにつながることは避けられません。

弱い者いじめの半面、強い者には媚びへつらうのも韓国人の特徴です。一九九一年、黄海で海底石油を採掘していた韓国企業が、中国政府の一喝ですぐに撤退してしまったことがあります。中国はその二年後に同じ場所で採掘を始めたのですが、韓国はまったくの無反応でした。仮に竹島問題などで同じ態度を日本政府がとったら、ただでは済まないでしょう。

強い者には媚びへつらい、弱い者は平気で踏みつける。「事大一心」の国の悲しい習性かもしれませんが、こんな相手にバランサーを期待する国などあるでしょうか。度を過ぎた「民族の誇り」の弊害を、韓国人も知るべきです。

3 韓国には歴史があるのか

文字化された歴史を持たない民族は、歴史上無数に存在します。ネイティブ・アメリカンやアフリカ諸部族、遊牧民族や海洋民族などには神話や伝承があっても、文字に書かれた歴史はありません。韓国における檀君《だんくん》による開国の神話も、あくまで伝承であって歴史ではないのです。台湾には自称四百年の歴史がありますが、未解明の時代も多く残っています。

古代文明国の一つであるインドは聖なることに関心が強い一方、歴史には比較的無関心です。そのせいか、ムガール帝国がイギリスに滅ぼされたこと、印パ戦争でインド・パキスタンがイギリスから分離独立したことなどについて、中韓のように過去の一時期限定で「歴史問題」を騒ぎ立てることはありません。

韓国人がよく口にしたがる「歴史」について私が疑問に思うのは、「そもそも韓国に歴史があるのか」ということです。この言い方では漠然としていますが、正確に言えば、北朝鮮が国是としている「主体《チュチェ》」の歴史があるのかということです。この問題を、戦後の韓国人、ことに歴史学者やハングル世代に自問自答してもらった方が、「正しい歴史認識」には役立つかもしれません。

戦後韓国人は歴史の古さ・長さを誇りにしています。「半万年」では「中国五千年の歴史」と変わり映えしないので、さらに千年足して「六千年の歴史」と胸を張ったりします。自国民に歴史をどう教えようと勝手ですが、「正しい歴史認識」を他者に押し付けるのは褒められたことではありません。

「中国人は二万年前、コロンブス以前にアメリカを発見した」という「新説」を唱える御用学者もいますが、二万年前どころか一万年前はインドもエジプトもありませんでした。

そもそも、古いから素晴らしいわけでもないのです。アメリカ合衆国の歴史はわずか二百年余りですが、それを理由に「アメリカ人は野蛮だ」という人はいないでしょう。「日本の歴史は弥生時代からでいい、それ以前は人類共有の歴史だ」「室町時代の応仁の乱後の歴史だけ知っていればそれでよい」という内藤湖南の主張もあります。「中国の始祖・黄帝や朝鮮の始祖・檀君のさらに先までさかのぼっても、行き着くのはせいぜいゴリラかチンパンジーだ」という物理学者の先輩もいました。

檀君伝説や箕氏《きし》朝鮮、衛氏《えいし》朝鮮といった古代朝鮮は、今のところまだ説だけの存在です。衛氏朝鮮を滅ぼした前漢の武帝が半島に置いたという「四郡」も確証できません。また、かつて半島に存在した高句麗や渤海《ぼっかい》が中韓どちらに属していたかは今でも侃々諤々《かんかんがくがく》で、双方一歩も譲りません。

気候史や生態史からいえば、五千年前までの半島南部はマレー・ポリネシア系語族の地でした。中国最古の王朝を建てたとされる幻の夏人《かじん》も同系と考えられ、そこからは日鮮同祖や韓漢同祖の古代史も想定されます。歴史をさかのぼれば同祖になる可能性は、DNAからすれば台湾原住民のタイヤル人や日本の縄文人も同じで、あまり意味はありません。

「韓国に歴史はあるのか」と首をかしげたくなるのは、統一新羅以降千年以上にわたって中華歴代王朝の属国であり、自主自立した歴史がないからです。中華文化・文明のサブシステムだったという方が正確かもしれません。

北亜の遊牧諸民族は有史以来、しばしば「入関」といわれる万里の長城越えを繰り返し、中華の歴史を作ってきました。しかし朝鮮半島は押しなべて創造性に欠け、歴史的にダイナミックな動きを見せませんでした。チンギス・ハーンやナポレオンのような覇者型の英雄はおらず、いるのは抵抗の英雄ばかりです。それも自律の歴史がない証明です。

伊藤博文を暗殺した安重根《あんじゅうこん》を英雄視して中国にまで銅像・記念館を建ててほしいとせがみました。他国から見ればただのテロリストでしかなく、英雄扱いされることはまったくありません。一千万人の離散家族を生んだとされる南北分裂の悲劇も「日本のせい」とされていますが、もちろん日本は何の関係もありません。

内部対立の絶えない半島では、むしろ二国に分かれた方がうまくいっている面が多々あります。ラテンアメリカでもかつて合衆国や連邦国家などの国造りを目指した一時期がありましたが、今は数十の国に分かれています。「中国は一つ」の独裁体制を理想とする天下一国主義がある一方、「中国は多ければ多いほどよい」という国家観もあります。むしろ春秋戦国や六朝時代など、多国家の時代こそ文明の黄金時代と見られており、統一を絶対の理想と考える必要はないでしょう。

「日本人に漢字を教えたのは王仁《わに》博士(『論語』などの漢籍を日本に伝えたとされる人物)であり、文化を教えたのも韓国人だ」といった「ウリナラ自慢」もネット世代に氾濫しています。しかし、これは中国でアヘン戦争後に一世を風靡《ふうび》した「世界のすべての文物、文化、文明の源流は中国にある」という中華自慢そのもので真実性などなく、何の意味もありません。

これらの主張には当然、矛盾も少なくありません。たとえば「日韓同祖論は日本が韓国を侵略するための陰謀だ」と言いながら、「日本人の九九パーセントは半島から出た食いっぱぐれだ」と主張したりもします。日韓同祖論は江戸時代から日韓双方で出されている説であり、日本の一方的な「陰謀」などではありません。半万年までさかのぼっても、半島に「主体(自律)」の歴史はありません。まして今のハングル世代には、真の歴史を語る知力も条件もないのです。この世代にとっての歴史は、ただの「政治」「創作」でしかないのです。

4「従軍慰安婦」で日本を恫喝する十の理由

韓国の大統領とマスメディアが煽り立てる反日の狂騒は度を越しており、誰が見てももはや「病気」の域に達しているといえるでしょう。少なくとも、良識ある人間ならそう感じるに違いありません。もっとも目立つのが「従軍慰安婦」「姓奴隷」によるゆすりたかりです。その理由は多々ありますが、以下の十点について分析してみましょう。

①中国の「南京大虐殺」は大ヒットとなったが、「黄河決壊」「長沙大火」は自作自演と見破られた。「三光作戦」「万人坑」「七三一部隊」も実在は疑わしい。小中華・半島は大中華の方法に学び、「日帝三十六年の七奪」「強制連行」を仕立てたが、中でも「性奴隷」を題目にヒットを狙っていると考えられる。

②中国の正史である『魏書』『周書』で記述されているように、半島は「荒淫《こういん》」の国である。宦官《かんがん》や貢女《こうじょ》、また辺妓《へんぎ》、軍妓《ぐんぎ》(従軍慰安婦)の産地でもあった。支那商人が仲介して各地に売春婦を売り、歴代の政府にはそのための役所まである。売春立国状態は大韓民国ま

で続き、半島の歴史そのものでもあるから、「従軍慰安婦」は韓国内外で説得力がある。

③大中華も小中華も伝統的な儒教国家であり、建前と本音が極端に分かれている。性産業がタブー視される一方、世界最大の売春国家だ。WHOの推計では、中国の売春婦は六百万人（実際は三千万人とも）。韓国内では七人に一人が性産業に関わり、中韓の売春婦は世界に広がっている。アメリカ国務省による二〇〇六年の人権報告書は、韓国を「人身売買国家」と規定している。売春婦は日本だけでなくOECD諸国まで進出しているが、「現在」よりも「過去」へと目をそらさせるのが目的の一つである。

④韓国では性犯罪が多く、欧米では女性旅行者に注意を呼びかけている。打つ手がないのか、セマリ党のパク・インスク議員ら国会議員十九人が「性暴行犯罪者の外科治療に関する法律案」などを提出したという（「中央日報」二〇一二年九月九日）。いわゆる「現代版宮刑（刑罰としての去勢）の法制化」である。性犯罪が年々増加する一方、政府の売春規制の高まりに対し、「売春をさせろ、生存権を守れ」とデモが起こる有様だ。建前と本音の板挟みになった政府は、日本の「性奴隷」を攻撃することで、内から外へと目をそらさせようとしている。

⑤韓国における抗議の手段として、指、はては男性器を切って封筒に入れ、送りつけると

いうものがある。このような奇行はある意味、反日日本人以上の「自虐」といえよう。反日が全国民運動となって盛り上がる様は、毛沢東時代の矢継ぎ早な大衆運動を連想させる。米国精神科協会も一九九六年、感情を抑制できず異常行動に走る「火病《ファビョン》」を「韓国人だけに現れる特異な現象」として文化依存症候群に登録した。韓国人の「反日」も、この「火病」の一つと見なすべきだろう。韓国系アメリカ人の大学生が学内で銃を乱射し多数の死者を出した事件もある。「火病」とともに「反日症候群」をどう治療するか、精神科医の意見にも耳を傾けるべきではないか。

⑥韓国の反日運動は、すでにノンフィクションではなくフィクションレベルである。吉田清治らによる一連の慰安婦関連著書や河野談話などに基づいて謝罪と賠償を要求するものの、ないものをあると言い続けても話にならない。しかし反日運動家の狙いは問題の永続化であり、このまま泥沼化していくことが予想される。

⑦反日は戦後韓国人による新しいイデオロギーであって、反共や反米よりもナショナリズム育成に役立つ。朋党の争いが絶えない風土において、反日は民力の結集と国民育成に欠かせない。盧武鉉《ノ・ムヒョン》大統領も北朝鮮以上に日本を仮想敵国としていた。日本は韓国にとって絶対悪であり、ナショナリズム育成に不可欠なのだ。

⑧中韓に共通する反日の理由は、国内問題の処理である。近代国家や民族の内部結束を固めるには明確な外敵が必要であり、ことに中国は「遠交近攻」を有史以来の鉄則としてきた。これはもはや宿命のようなものであり、「近隣条項」など愚の骨頂と見るべきだ。

⑨なぜ北朝鮮や米中ソではなく、日本が絶対悪とされるのか。李明博《イ・ミョンバク》大統領は「日本は昔ほど強くなくなった」と明言している。「虎の威を借る狐」韓国にはボスが必要だから、米ソ中は敵に回したくない。しかし島夷《とうい》の日本は簡単にたかれるカモ、と思われている。

⑩韓国の反日の司令塔となっているのがVANKと呼ばれる団体で、政府から多大な予算を受けて運動を展開している。他団体も反日業者として資金獲得に群がり、ビジネスとして活動を進めている。さらに政府傘下の「アジア歴史財団(人数百人、年間予算約二十億円)」が外交戦略として反日を世界で展開し、「謝罪と賠償」獲得を狙っている。

このように、韓国の反日にはさまざまな理由があります。問題は性奴隷がいたかいないかではなく、これらのゆすりたかりにどう対応するかでしょう。これからの日本が反日の狂騒にどう対処するかの根本的問題といえます。

韓国人は中国人と一、二を争う嘘つき民族ですが、理不尽な反日はやはり病気と見るべきでしょう。それを理解していれば、同じ土俵で勝負する必要などないと分かるはずです。

先に、謝罪を求める韓国を中国が一喝して黙らせたという話を紹介しましたが、さすが千年宗主国の貫録というべきでしょう。感心するばかりでなく、韓国の操縦法を中国に学ぶ必要もあるかもしれません。

5 朴槿恵大統領と習近平主席、その蜜月の清算と誤算

第十八回党大会の後、真っ先に習近平主席に抱きついてきたのが朴槿恵《パク・クネ》大統領でした。双方とも蜜月時代ですが、私から見ると「飛んで火にいる夏の虫」という感がないではありません。

韓中は貿易額第一位の関係にあり、ともに外需依存の国です。経済的にさらに拡大し、関係を緊密にしていくという打算もあるでしょう。おまけにどちらも反日を国是国策としており、その点だけでも互いに共同戦線を組む価値のある相手なのです。

個人や家族のみならず、国家や民族も出会った相手によって運命が変わることがあります。戦後韓国は日米と、北朝鮮は中ソと付き合ったことが、南北の運命を決めてしまったことはその好例といえます。

半島には三国鼎立《ていりつ》の時代や今の南北対立の時代がある一方、統一新羅、高麗、李朝朝鮮のような一国時代もありました。しかし半島はいつも宗主国がいないと統一できません。新羅が唐軍の助力で半島を統一してから、千年属国の運命が決まりました。とはいえこれは結果論であり、裏付けとなる学説を読んだわけでもないので、私の推論、いや邪推も入っているかもしれません。

しかし宗属関係を結ぶには、両国にその意思や利害関係があり、国際情勢も熟知していなければなりません。双方の思い違いという場合もあります。

たとえば宋が北方の契丹人《きったんじん》や女真人《じょしんじん》に追い詰められていた時、高麗の朝貢使は宋を正統王朝と思い込んで冊封《さくほう》を求めました。宋にとってはありがた迷惑です。

万里の長城の外の北方民族のうち、中原の主になったことがないのは朝鮮人のみです。朝鮮人が農耕民族であって騎馬民族でないことも一因でしょう。

満州人とモンゴル人が連合王国を旗揚げし、清の太宗（ホンタイジ）を皇帝に擁立した時、李朝朝鮮もこの連合に誘われました。願ってもない好機だったのですが、朝鮮国王は国際情勢力学の変化を読み誤り、明を宗主に仰ぐことを決めてしまいます。こうして二度の朝鮮侵攻(丁卯胡乱《ていぼうこらん》・丙子胡乱《へいしこらん》)が起こり、朝鮮は中華の主になるチャンスを失ったのでした。

近現代に入ると、英米仏、さらに清露日の列強が半島をめぐって抗争を繰り返します。朝鮮は清の朝鮮省、露の沿海州に編入されることから逃れたのは日本のおかげでした。東洋安定のための日韓合邦が万国に賛成されたのは当時の時代の流れであり、朝鮮人にとっても幸運だったと私は考えています。

日韓の運命共同体は三十六年で終わってしまいました。その後半島はすぐ同族の殺し合いを再開し、南北対立は今でも続いています。これがむしろ半島の定めというべきではないでしょうか。

現在の韓中の蜜月は、明清時代に宗主国を選び違えたことの再現にも見えてきます。中国は北と南の二つを相手にしなければならず、自国も経済危機に瀕しています。韓国は救命ボートに目もくれず、沈没寸前の船にしがみついている状態です。

また韓中はともに、技術革新に精を出すよりコピー商品に依存する国であり、資本、ことにハイテク分野ではもっぱら日本に依存しています。円安が進めば、産業がますます追い込まれる可能性が高くなります。

韓国は五〇パーセントが外資頼り、財閥がＧＤＰに占める割合は七〇パーセント、家計負債が八〇パーセントに上っており、経済はまさにアキレス腱になっています。しかし韓国のメディアは政治を左右する力を日本以上に持っています。親の七光りを背負った朴槿恵大統領には、世論に迎合しなければやっていけない面もあります。

韓中が手を携えて反日パフォーマンスに走るのは、日本人にとって愉快ではないでしょう。しかし韓中はもともと相思相愛ではなく、韓国には北朝鮮の金一族というライバルもいます。

中国と北朝鮮は、もはやかつてのような社会主義の盟友ではなく、韓国がいっそう大中華にすり寄ることもあるでしょう。これは事大主義でしか生き残れない半島の定めでもあります。朴大統領の中国への接近ぶりは、北朝鮮と中国の関係を図るバロメーターにもなります。

また中国にとって、習・金がうまくいかなくなったら習・朴もあり、南北二つの小中華を競わせながら操れる状況は、願ってもない好都合です。朴・習の蜜月は、苦悶・苦悩する同士のいたわりあいと見るべきではないでしょうか。

６　朴槿恵大統領の告げ口外交

中国、韓国に北朝鮮を加えた三国は、ネット世代から「特亜（特別アジア）」「反日三兄弟」と称されています。朝鮮半島とひとくくりにされた中国人はたいてい不快感をあらわにしますが、それには理由があるのです。天朝朝貢時代の天下秩序において、朝鮮は下国のまたビリの下国であり、朝貢使としての地位は琉球使以下でした。朝貢品には貢女と宦官しかおらず、中国にとってはまったく眼中にない相手だったのです。

現在も韓国人は中国人を「大国人」と尊称し、中国を「父」、日本を「弟」と見なしています。その意味では「三兄弟」ではなく「親子」と称するべきなのかもしれません。

八〇年代後半に入ってから、韓国の新しい大統領が反日を演出するのはすでに行事化しています。そして日本からの「反省と謝罪」に加えて借款を取り付けることで、国民に「克日（日本に勝った）」の成功を示し、やっと大統領の地位が安定する、というのが慣例になっているのです。

朴大統領の反日外交もこの先例に従ったものですが、彼女の場合は特に「売笑外交」「告げ口外交」とも揶揄《やゆ》されています。「売笑」は「売春」の隠語であり、しかも女性大統領ですから、習近平に媚びているきらいはあるにしても、言葉遣いにふさわしいとはいえません。

習近平のみならず、アメリカのオバマ大統領やロシアのプーチン大統領、ドイツのメルケル首相、はては訪韓したヘーゲル米国務長官までしつこく「告げ口」するその姿勢からは、やはり「告げ口外交」の方が実態に合うでしょう。

朴大統領のいう「正しい歴史認識」は韓国でしか通用しないものです。慰安婦問題についても、その真偽を問題にすると「元慰安婦を侮辱する態度だ」と反発するのは、要するに「日本が言う通りにしないと軍国主義扱いする」ということに他なりません。

ここまで自己中心的な人種は珍しいというべきでしょう。「朝鮮日報」などの有力紙が日本叩きを煽るのは韓国の国内事情があるからですが、日本叩きよりもましなことをやれないのでしょうか。

今のハングル世代からすれば、韓国のいう「正しい歴史認識」に同調しないものはすべて「歴史歪曲」となります。こうして韓国はますますテロリスト国家となり、韓国の意志に従わない人間を殺せば「愛国英雄」とされます。

二〇一三年には、九十五歳の老人が「日本の植民地統治はよいことだった」とつぶやいただけで殺される、という事件が現実に起きているのです。これでは反日抗日時代における、自国民の殺し合いの過去に逆戻りしてしまったというしかありません。日本の仏寺への仏像窃盗行為さえ、マーケットでも「韓国の骨董品を奪還するのは愛国行為」とまでみなされています。

朴大統領の執拗な「告げ口外交」の中で、国内では「反日有利」のブームが起き、反日業者が争って利益をむさぼっています。経済的危機の深刻化とともに、反日競争も激化の一途をたどっているのです。

国連事務総長の潘基文《パン・ギムン》まで「アジアの指導者には、深く反省して未来を見通すビジョンが必要だ。正しい歴史認識を持ってこそ他国の尊敬と信頼を受けられる」云々と安倍政権の歴史認識を批判しました。

これは明らかに国連憲章違反の問題発言とされ、二日後には「日本のみを指摘したものではない」と釈明する有様でした。この潘事務総長はいわば「中国の犬」で、国連の決議も読まずに特定の国に加担したりするのをよく台湾に指摘されています。

ここまで反日が暴走すれば、正常な日本人ならいい気はしないでしょう。韓国への日本人観光客は激減、韓流も「寒流」となって凍結しつつあります。世の流れを読むことができず、自縄自縛に陥るのは、自分たちが歴史に学んでいないからです。二回にわたる「胡乱」で清に従属するはめになり、迎恩門や慕華館、頌徳碑など屈辱的な建造物を作らざるを得なくなったのも、やはり明から清への世の移り変わりに鈍感だったからでした。

第一次安倍内閣は「韓国は日本の最も大切な隣国である」と韓国を重視し、二〇〇六年には韓国を訪問しています。

第二次安倍内閣も、発足早々の二〇一三年一月に額賀福四郎を特使として派遣し、靖国訪問も取りやめています。しかし朴大統領は習近平にすり寄り、近所のおばさんの如き告げ口外交に終始しました。

これにはもちろん国内事情もあり、また「事大一心」は半島の定めですから、これが韓国だと再認識するのが「正しい歴史認識」というものでしょう。しかし事大のための「売笑」にしても、そのつけはやがて回ってきます。日本が「倍返し」しなくても、自業自得の結果となることは間違いありません。

7 ハングル世代の知の限界

韓国人の反日はますます過激になり、すでに常識の範疇を超えたものになっています。病気として深層心理学や精神分析の域から理解する必要もあるでしょうが、そこに至った理由は単純ではありません。国内事情などの政治の分野から分析しても理解できないところが多く、その執拗な自己主張や行動はストーカー的ともいえるでしょう。

特に過激なのが戦後世代、ことに漢字を知らないハングル世代です。祖先崇拝の国、老人を大事にし、「孝」がすべてに優先するはずの韓国人でありながら、「日本を知る戦前世代が死に絶えない限り、韓国はよくならない」と公言する彼らは、独自の価値観に凝り固まっています。

それは世代の断絶というよりハングル世代の優越感であり、その過剰な自信は「世界一聡明なのは大国(中国)人、二番目が韓国人」、果ては「韓国人は世界一聡明な民族」という自慢からもうかがえます。

日本の反日教育は例外として、どんな国でも国民教育には「我が国自慢」がつきものです。小中学校は特に多く、それが初等国民教育の特徴ともいえるでしょう。しかしハングル世代の過激な言動の根源は教育ばかりではありません。

普通、言語や文字にはその国の長い歴史文化の集積があり、文化や交信のメディアとして民族・文化集団を支えています。

しかしハングル世代は言語や文字自体に多くの限界を抱えています。ハングルが創出されたのは一四四六年、アジア諸民族の中で最も遅い時期でした。実際に普及したのは日韓合邦後の二十世紀になってからです。歴史の蓄積が浅い分、教材にできる素材が少ないのは避けられません。

しかも、韓国の歴史記録はほとんど漢語で記録されています。勉強するにはすべてハングル訳しなければなりませんが、愛国教育のための歴史記述が極端に少ないため、漢文からハングルに直訳することができません。忠実な伝承に限界があり、創作も混ざることになります。

ダレ神父の『朝鮮事情』によれば、李氏朝鮮時代に知識を独占していた両班《ヤンパン》階級はハングルを排除し、中国史にしか目を向けませんでした。自国史をおろそかにすれば、その分正確性は失われます。

　さらに、ハングルの語彙は七〇パーセント以上が漢語からくるものです。和製漢語や和語も混ざっており、それをハングルで文書化すること自体が不自然なのです。「ハングルは世界一素晴らしい、美しい文字だ」といくら自慢しようが、井の中の蛙でしかありません。ウリナラ（我が国）自慢以外のものではありません。

　言語や風土は国民性を左右する、というより決定してしまうものです。尹泰林《いたいりん》は著書『韓国人　その意識構造』で、韓国語について次のように分析しています。

「理論的、科学的表現には向かない」「事物を客観化かつ対象化して理解しようとしない」「事物を正確に表現するのに充分でない点が多い」「推理力に欠ける時、常に感性にのみ依存し、直感的技術に頼ろうとして、合理的に把握しようとする精神が欠如している」

　また、韓国人は自己主張が強く、話し出すとほとんど相手に話す余裕を与えません。内容はしばしば矛盾だらけで、しかも一方的だったりします。

　韓語はアルタイ語系のツングース諸語に属し、どちらかというと日本語に近い言語です。漢語とは全く別系の言語ですが、中国の影響を長く受けてきた関係で、漢語と類似した曖昧な表現や独断的な語法が少なくありません。

「ハングルは、知識の伝達と教育の普及を最も早く実現できる言語」「物事の判断や分析に最も適した、総合力の強い言語」というウリナラ自慢もありますが、実態は疑わしいものです。

これに対し、台湾社会は多文化・多民族・多言語社会で、日常生活でもバイリンガル以上の能力が必要となるため、相手の言葉に注意深く耳を傾け客観視する精神構造を持つ人が多いようです。

日本語も多様性に優れたメディアであることは、近代科学や技術に応用可能なことからも明らかです。日韓合邦時代、日本化運動の旗手だった玄永燮《ヒョンヨンソプ》、朝鮮近代文学の父李《イ》光洙《グァンス》が日本語の導入に熱心だったのは、日本語の持つ寛容性と多様性を知っていたからでしょう。

李光洙は「日本語は優秀な日本精神を包蔵しており、日本文は今や世界文化を全部包摂しておる。だから日本語を学ぶことは日本精神を学び、同時に世界文化の庫《くら》の鍵を握る」（「朝鮮半島の弟妹に寄す」）と述べています。

明治初期には岸田国士《くにお》や三宅雪嶺《せつれい》らによる「日本人畸形《きけい》説」「劣等民族説」、また森有礼《ありのり》や志賀直哉らの「日本語廃止説」がありました。しかし視覚文化である漢字と聴覚文化の仮名を併用する日本文の科学性や総合力は、近代史の中で実証されています。

韓国人のハングル自慢と日本人の日本語自虐は対照的ですが、第三者の眼から見ればどうでしょうか。台湾の高校は英語が必修ですが、選修とされる第二外国語で九〇パーセント以上を占めているのは日本語です。これが論より証拠というものでしょう。

ハングル世代の反日は自己主張どまりで、ゆすりたかりや嫌がらせなしでは相手にすらしてもらえません。しかもそれに無自覚であることは一目瞭然といえるでしょう。

8 国民性から見た反日の真実

韓国人、中国人の日本密入国、日本帰化、日本人との結婚数は諸外国中一、二を争うものです。それでいてなぜ反日イメージが強いのか、理由はなかなか分かりません。そもそも反日なのは一部の人間だけなのか、あるいは国策に従っているだけで建前と本音は違うのか。反日感情が文字通り感情でしかないなら、状況によって変わることもあるでしょう。

反日は中韓で一見類似しているものの、掲げているお題目は、中国では「南京大虐殺」、韓国では「従軍慰安婦」といった違いがあります。私から見た質的な相違は、中国が「計画的（打算的）」、韓国が「病的」というところです。

韓国では大統領が変わるたびに、日本に「反省と謝罪」を要求します。しかも「今度が最後」と言いつつ金をもらえば静かになるので、金目当てと言われても仕方ないでしょう。ことに朴大統領が就任してからは韓中蜜月をアピールする一方、反日をますます煽っています。

日韓台はかつて同じ歴史の歩みを共有していました。なぜ韓国のみが反日をますますつのらせていくのでしょうか。戦後七十年近くが経ち、世代も変わっています。反省や謝罪をすべき、されるべき人間はほとんどこの世にいません。それなのに「加害者と被害者の立場は千年過ぎても変わらない」などと主張するのはどうしてでしょうか。

理不尽な自己主張、道徳的説教でゆすりたかりをするだけでは誰も納得しません。そのため日本人の反韓感情が増幅していくのでしょう。韓国人の反日行動には首をかしげざるを得ないところが多いのですが、中華思想そのものと考えると腑に落ちることも少なくありません。よい実例を示してくれたものだと、改めてお礼をしたい気分にもなってきます。

歴史や力関係から見て、韓人と漢人では国民性は異なるはずですが、実際は共通点が少なくありません。これは時代によっても変動します。

高麗朝までの半島の高麗人は性格的にはむしろ日本人に近かったのですが、これは仏教国家としての風土や文化からくると想像されます。しかし李朝朝鮮時代の尊儒排仏の結果、明の皇帝や『三国志演義』の関羽、『西遊記』の孫悟空などが信仰の対象となります。さらに華夷変態《かいへんたい》（中華帝国の主が漢人である明から満州人の清に変わったこと）といわれる清の時代になってからは小中華・半島の中華思想は大中華以上に強くなりました。

また朝鮮は、北京に朝貢する以外は厳しい鎖国を敷いていました。しかし宣教師など、半島の国情について記述を残した西洋人もいます。

戦前の韓人の国民性については、清末の啓蒙思想家梁啓超《りょうけいちょう》、また李光洙《イ・グァンス》の分析が比較的知られています。「虚言、詐欺、相互不信、美辞麗句、空理空論、阿諛迎合《あゆげいごう》、面従腹背、大勢順応、無恥、悪口、卑屈、臆病、無決断、反社会的利己心」などが李《イ》による自画像ですが、戦後はどうでしょうか。あいにく、国民性はそれほどたやすく変わるものではないようです。

朴正熙《ぼくせいき》元大統領（朴槿恵大統領の父）による国民性分析も、傾聴に値するものです。以下に要約してみましょう。

朝鮮半島の「半万年史」は退嬰《たいえい》と粗雑と沈滞の連鎖だった。いつも強大国に圧され、盲目的に外来文化と同化し、原始的な産業の枠から一歩も脱出できない。安らかな日がなく、姑息、怠惰、安逸、日和見主義で、歴史には自律性がなく、外圧に対して一致団結して戦ったこともない。事大、党争で主体意識が不足、創意工夫の意欲に欠け、民族性を考察すると実に情けない。それは「共生共死」の運命共同体意識を持たない朋党争いや私利私欲からくるものだ。民族愛がなく、エリート意識や家族意識、自己が中心で、いつも他人を見下げ、貶める差別心やエゴばかり強い。詐欺、不法、不正ばかりで責任感が希薄、無反省だから歴史を見る目がない……というのが朴元大統領の自己批判です。

歴史を見る目がない、というのは歴史を反日カードに使うことからも明らかです。自己責任感が欠如し、なんでも人のせいにする有様はほとんど病的といえます。「字をうまく書けないのは筆墨《ひっぼく》のせい、暮らしが悪いのは祖先のせい、事業がうまくいかないのは墓《はか》のせい」、要は自覚自省能力を持たずに済むということです。

南北分離も日本のせい、子供が非行に走るのは日本の暴力や淫乱マンガのせい、として日本の「文化侵略」を非難したりします。登山の経験も準備もない韓国人が、ブームや旅行会社の口車に乗って日本の山で遭難したこともありますが、それを日本の山のせいだとして日本を非難し、改善を求めてくる韓国メディアは実に非常識極まりないものです。韓国の登山ツアーなど、いっそ禁止すべきかもしれません。

小中華と大中華には、地政学や生態学からくる半島と大陸の差こそあっても、国民性には類似点が少なくありません。ことに中華思想については、むしろ小中華の方がより極端です。一例を挙げてみると、中華人民共和国の国名には「大」がついておらず、大韓民国には「大」の字を冠しています。

中国人の国民性については、アメリカ人宣教師アーサー・スミスの『シナ人の性格』と京城大学教授の天野利武の著書が最も有名です。この二人が取り上げている中国人の国民性から韓国人と共通する性格をあげてみると、嘘をつく、世界で一、二を争うほど詐欺や陰謀を好む、個人主義、体面にこだわる、狡猾、差別、公共心の欠落などがあります。反日も、歴史問題からというより中華思想から生まれた側面が強いのです。

9 もし朝鮮総督府がなかったら

朝鮮総督府ほど、戦後に貶められ歪曲された存在はないでしょう。しばしば「人類史上最悪の植民地支配」における搾取と略奪のシンボル、またはそれ以上の修飾語付きで語られています。「日帝三十六年の七奪」もハングル世代の「正しい歴史認識」となっています。いわゆる「半万年史」「六千年史」の中で、朝鮮総督府時代は三十六年、その前身の統監時代を含めても四十年です。半島史の中のわずか百分の一足らずの間に、それほど極悪非道を尽くし、「搾取と略奪」を行ったということについて、どこまで検証が可能でしょうか。

そもそも「半万年史」に含まれる檀君朝鮮、箕氏《きし》朝鮮、衛氏《えいし》朝鮮の時代は推論の域を出ません。それに続く三韓時代や漢四郡時代についても不明なところが多いのですが、高句麗、百済、新羅の三国時代から統一新羅以降の千年史、二千年史は比較的信頼性が高いので、歴史の真実について、以下の史論、史観から考証を進めたいと思います。

①「日帝三十六年史」と「蒙帝（モンゴルの大元帝国）百年史」さらに「華帝（中華帝国）千年史」を朝鮮半島が自律性を失った時代として、通史的に比較するとどうだろうか。華帝の「賜姓」や蒙帝の創氏改名、唐軍や蒙軍、満蒙軍の強制連行、朝鮮戦争当時も北朝鮮による強制連行があったが、これらの事実を「日帝三十六年」と比べることを勧めた

い。

②日韓合邦の時代は、列強の時代と共に国民国家が確立、拡散した時代でもあった。国民国家の元祖である大英帝国は、イングランドを中心にウェールズ、スコットランド、アイルランドを合邦した国だ。フランスもコルシカ、ブルターニュ、バスクを糾合してフランス共和国、フランス帝国などを造った。この合邦の時代に、日本が琉球や台湾、朝鮮を糾合して大日本帝国を造ったときに万国がこぞって賛同したのには、それなりの時代背景がある。朝鮮半島を東亜最後の秘境として死守することが不可能になり、清の朝鮮省、露の沿海州として編入される動きがあった。日清・日露戦争によって国際力学の構図が変化したのだ。

③韓人学者には「もし日帝の搾取がなければ、自力でもっと素晴らしい近代化を達成したはずだ」というウリナラ自慢の「科学的分析」をする人がいる。ＯＥＣＤ加入後にも「すぐ克日が成功して、日米欧を上回る超先進国が生まれるだろう」という自画自賛の高論卓説があふれた。韓人は空理空論が大好きだが、博士号を取った学者に限ってレベルが低い、昔日の朝貢使とそっくりで、たいてい学界でもビリ、という定評もある。列強の時代、アジアで日本だけが近代化を可能にし、近代国民国家に転生したのは、日本

だけが内乱もなく匪賊《ひぞく》のいない社会で、疫病も役人による苛斂誅求《かれんちゅうきゅう》もなかったからである。このような安定社会に加え、資本の蓄積と技術開発の能力があったことが幸いした。

朝鮮半島の自力近代化が不可能だった理由については、李朝時代にさかのぼって、半島の自然と社会の仕組みやその諸条件を真剣に考察する必要があります。当時は少数の両班《ヤンパン》が資本を有しているだけで、それを産業資本に転用するのは不可能でした。王室でさえ数百年にわたる予算不足で破産寸前、どこの国にとってもお荷物になるしかない状態だったのです。

宗主国の清でさえ近代化できず、帝国から中華民国に代わっても政府が乱立して内戦に明け暮れていたのに、事大一心の属国にどうして「超先進国」化が可能なのか。金玉均《キム・オッキュン》らが近代改革を推し進めた甲申《こうしん》政変も清の戊戌《ぼじゅつ》維新と似ていて、近代改革が困難なのは明らかでした。近代化には資本や技術、人材だけでなく、安定した社会と政策の長期連続性が必要不可欠な条件です。社会が安定しない限り、近代経済は確立できません。

朝鮮統監から総督府にかけての時期は、朝鮮半島史上で最も安定した時代であり、朝鮮人にとっては空前の幸福の時代でした。宗主国の中華帝国史と比べても、その類似性は明らかです。漢人が主役だった大明が最も不幸にして暗黒の時代だったのに対し、満州人の清による康熙《こうき》・雍正《ようせい》・乾隆《けんりゅう》三代の百三十余年は史上最も幸せな時代でした。この時代は政治が清明で、人頭税も史上初めて減免された時期に当たります。「日帝四十年」の時代に、「人頭税減免」どころか、日本国民の血税で、半島の「国民としての生存諸条件」を支えていたのです。

朝鮮史、特に李朝朝鮮史の名物は朋党の争いで、王子たちまで殺し合う骨肉の争いが延々と続きました。戦後も独立運動の指導者は相次いで暗殺しつくされ、歴代大統領もみな粛清されています。

では朝鮮総督府はなぜ空前の超安定社会を造れたのでしょうか。

朝鮮統監三人と総督八人はいずれも日本の総理や元帥経験者、または総理候補という逸材ぞろいでした。朋党の争いも半島内部では不可能になり、「独立運動の血史」は支那大陸や満州、シベリアに移って場外乱闘を繰り広げるようになります。

こうして半島内部では経済が安定し、人口が倍増しました。光復会の反日や三・一独立運動も、大正デモクラシー以後は社会主義革命を目指すグループと民族革命を目指すグループに分裂し、朋党争いに先祖返りしていきます。国内での基盤を失った独立運動は、全国民運動には至らない朝鮮人同士の殺し合いにとどまったのでした。

だからこそ総督府がなくなると、間もなく朝鮮戦争が起こり、半島は南北に分裂したのでした。ハングル世代が「正しい歴史認識」を得るためには、空理空論よりもこうした半万年史から、〝日帝三十六年史〟を正しく検証する必要があるでしょう。

10 韓国経済の崩壊は避けられるか

日韓合邦以前の李朝時代における韓国経済については、日韓ともあまり知られていません。江戸時代の日本経済とはまったく天と地の差があり、完全に別世界だったといえるでしょう。

江戸時代は技術も産業資本の原始的蓄積もありました。全国的市場はまだ確立していなかったものの、諸藩では地方の市場が成立していたのです。人流や物流は参勤交代を通じて全国に広まり、商品経済や貨幣経済も発達し、城下町から農村へ、さらに全国的規模へと広がりつつあったのです。

一方の李朝時代は、約七万の自給自足の村によって成り立つ閉鎖的村落共同体社会で、流通の担い手は負褒商《フポサム》（行商人）くらいでした。古代マヤ文明に似ているという指摘もありますが、むしろ原始奴隷社会というべきでしょう。

また朝鮮（韓国）は少なくとも三回「国家破産」に直面しています。それを救ったのはほかならぬ日本でした。李朝末期、国家宮室は破産状態、というよりすでに破産していました。百年以上続いた財政赤字と、社会のいわゆる「三政紊乱《びんらん》（田（＝土地）政、軍政、還政《かんせい》＝穀物貸付制度の乱れ）」によるものです。

崩壊状態の朝鮮に対する列強の進出を阻止するため、清の官僚で李鴻章《りこうしょう》の側近だった張謇《ちょうけん》は、紀元前の漢四郡（漢が朝鮮半島に設置した郡）にならって半島を朝鮮省に編入する案を提言し、北京の朝廷で多くの支持を得ました。

しかし日清・日露戦争の結果これは実現せず、半島を沿海州に編入せんとするロシアの野望も阻止されました。日韓合邦については両国で賛否両論が起こったものの、列強の希望もあって合邦は実現し、朝鮮の民も救われたのです。合邦については、日本はむしろいやいやながら、列強に無理やり押しつけられた厄介な荷物だと非難や苦言も多かったのです。

それ以降、朝鮮統監府から総督府に至る約四十年の間、朝鮮は毎年一五～二〇パーセントの財政補助を受け（大正九年を除く）、日本の「文明開化、殖産興業」の流れとともに近代産業化社会への道を歩みました。破綻状態の朝鮮を生き残らせたのは、目賀田種太郎《めがたたねたろう》財政顧問による財政改革だったのです。

二度目の経済崩壊は、総督府がなくなった戦後のことです。半島は伝統名物でもある「朋党の争い」に逆戻りし、朝鮮戦争（韓戦）という自国民の殺し合いに陥りました。原始状態の世界最貧国に転落したところへ、一九六五年の日韓基本条約に基づく八億ドルの投入と技術的・人的支援によって「漢江《ハンガン》の奇跡」と呼ばれる復興を成し遂げたのです。現在の物価にすると、約一～二兆円の援助に相当します。これに味をしめた韓国は「反日」の名目で日本に資金援助を求めるようになりました。

三度目の経済破綻は「第二の国辱」と呼ばれた一九九七年の通貨危機でした。この時は通貨救済金百億ドルが出されています。韓国経済はＩＭＦの管理体制下に置かれ、完全な「植民地経済」へと変質します。これに先立つ一九八三年にも、日本から特別経済協力金四十億ドルが出されました。

韓国経済、例えば株式の過半は外国資本に支配され、金融機関も株主の六割が外国人です。しかも極端な寡占市場で、国家利益の七割は十大財閥に独占されています。

韓国経済のどこが危ういかを総括すると、自律性に欠ける他力本願の事大性ということに尽きるでしょう。内需の拡大はほとんど絶望的で、通商相手国家に依存するだけであるため、国際情勢が変動すればすぐ傾いてしまう。自立できない性格は、半万年の歴史の中でほとんど変わっていません。

近代産業に欠かせない資本も海外に依存、外貨以外は日本からの支援や援助に頼る状態です。ＩＭＦ管理下にありながらも、二〇〇二年には日本からワールドカップスタジアム建設費三百億円、二〇〇六年にはウォン高救済金二百億ドル、二〇〇八年にはリーマンショック支援三百億ドルという数字が見られます。

技術もほとんどパクリに頼るだけ、技術者のレベルが低すぎるため韓国製品の中枢部品はほとんど日本製です。製品は見栄えばかりで品質が悪く、売りは安さだけです。

しかも学歴偏重社会で、企業幹部はほとんど現代の両班《ヤンパン》のような特権階級と化している一方、失業者は三百万人、失業率は実質二〇パーセントとも推定されています。韓国人の夢は半島からの脱出であり、欧米への移住も増える一方です。中国の「裸官」と同じく、企業貴族の家族が海外に移住するという新たな「裸両班」をはじめ、半島脱出が相次いでいます。

財政も企業も借金地獄に陥り、負債総額は四七兆八〇〇億円、ことに個人負債は四兆ウォンにのぼっています。おまけに韓国の事大経済は、金を借りても返さないという基本的な習俗を抱えているのです。経済成長率は年々低下・停滞が続き、二〇一三年には二二〇ヵ国中一三七位にまで転落しています。

証券の九割が粉飾もどきという韓国経済のからくりは徐々に暴かれ、外国資本はすでに引き始め、日本企業の対韓投資まで激減しています。

そんな韓国経済にとって、アベノミクスによる円安は最大の脅威です。韓国への思いやりが足りないというそしりもあるでしょうが、韓国人もこれまでのような他力本願の事大経済を改め、日本人の誠実さや勤勉さを学ぶべきではないでしょうか。

反日で日本に圧力をかけても、今までのように金を引き出せなければ、それだけで韓国経済は崩壊に向かうでしょう。

11 半島に対する日本の七大貢献

朝鮮半島による日本叩きでよく用いられる表現に「日帝の七奪」というものがあります。

・日韓合邦によって独立国家としての主権を奪われた。
・朝鮮王朝の滅亡によって国王を奪われた。
・朝鮮米を内地に移入することによって民衆の命を奪われた。
・政府や東洋拓殖会社、日本人地主が良田を奪うことで土地を奪われた。
・豊富にあった資源を奪われた。
・民族の文字であるハングルを奪われた。
・創氏改名によって伝統的な名前を奪われた。

すなわち主権、国王、生命、土地、資源、国語、姓名を奪われたという主張で、日本語教育普及や創氏改名などを指していますが、もちろん事実ではありません。

土地や資源を奪うどころか、朝鮮総督府は原始社会同然だった半島で土地開発や工業化を推し進めて国力を飛躍的に拡大させています。

創氏改名も強制ではなく、あくまで民意でした。姓氏を持たない人間が厳しく差別される半島にあって、すべての人に「氏」を与えるこの制度は階級差別の撤廃にも貢献したのです。

また当時の朝鮮人にとって、アジアで唯一列強に名を連ねる「一等国民」の一員であることは、大きな誇りでもありました。制度採用のきっかけとなったのは満州に移住した韓人からの「日本人の名を名乗りたい」という要求であり、基本的には強制でないにもかかわらず、五年間で八〇パーセントもの朝鮮人が改名しています。

他にも、漢字偏重だった半島にハングルを普及させたのがむしろ日本であることなど、これらについては私の著書で繰り返し指摘してきました。

大日本帝国が半島で行ったのはむしろ「七施（7つのほどこし）」であり「七大貢献」だ、というのが私の見解です。そしてその「施し」は半島のみならず、中国大陸、ひいては世界まで広がっているのです。

朝鮮、中国、そして世界に対する日本の貢献について、改めて箇条書きで整理してみましょう。

〈朝鮮への七大貢献〉

・朝鮮を中華の千年属国から解放した。
・植物依存文明から、産業社会化による朝鮮半島の国土改造と生態学的更生を達成した。
・医療・衛生・環境改善および教育の普及で、国民の民力と近代民族の育成に貢献した。
・朝鮮を日本と共に世界へと雄飛させ、民族生活空間を地球規模へ拡大させた。
・伝統的階級制度から奴婢《ぬひ》を解放した。
・朝鮮伝統文化を保護し、保存と再生を行った。
・朝鮮の民力を超えた近代社会を建設した。

〈**中国への九大貢献**〉
・列強の中国分割を阻止した。
・内戦で荒廃した農村を再建し、飢饉から救済した。
・近代経済を持ち込み、各種のインフラを建設した。
・医療衛生環境を整備し、瘟疫《おんえき》（急性伝染病）を退治した。
・伝統文化を保存し、学校を建設した。
・内戦を終結させ、同胞の殺し合いを阻止した。

・治安維持と安寧《あんねい》秩序を再建した。
・近代化を指導した。
・衰亡の危機に直面していた中華世界を再生させた。

〈世界への六大貢献〉
・西欧列強の地球分割を阻止した。
・非西洋近代化のモデルとなった。
・台湾・朝鮮・満州の近代化を遂げた。
・赤禍《せきか》（共産主義思想）からアジアを防衛した。
・アジアの植民地を欧米から解放した。
・大日本帝国の遺産によって戦後も東アジアの発展を支えた。

もしこれらの「貢献」がなければ、アジアの、そして世界の近代化はどうなっていたでしょうか。「謝罪と反省」を要求する中韓、「正しい歴史認識」を突きつけられるとすぐ委縮してしまう日本は、まずこれらの歴史事実を知ったうえで、「日本軍国主義」「日帝に侵略と略奪」といった捏造のベールに隠された大日本帝国の功績を再確認するべきではないでしょうか。

12 中韓との「交遊謝絶」も考えるべき

最近は、中韓の反日に辟易《へきえき》している日本人も少なくありません。中国の反日デモで略奪にあって「愛国無罪」の名で泣き寝入りさせられた日本企業や商店では、どうしてこんな目に合わねばならないのか疑問や不満を抱く人も多いでしょう。しかし相手が相手で、これればかりはどうしようもありません。

韓国の反日も、ほとんど病気というべきレベルに達しています。近隣であるだけに、どうすればよいかと気が気でない人も数多いるに違いありません。そのせいか、「中韓とどう付き合えばよいか」と尋ねられることがよくあります。

私はあるテレビ番組で「どう付き合うか」という問題設定がおかしいと指摘し、ヤクザとの付き合いを例に出したことがあります。ヤクザを引き合いに出したのが悪かったのか、他に何かがタブーなのかは分かりませんが、他の出演者から袋叩きにされました。

中国をヤクザに例えたのがよくなかったのかもしれませんが、仮にそう設定するなら、まず「付き合う必要がない」という答えが出るのは間違いありません。やむを得ず「付き合わなければならない」場合になって、はじめて「どう付き合うか」方法を考えることになります。最終的には「徹底的に争う」ということになるかもしれません。

「孫呉の兵法」でも最善策とされているのが「廟算《びょうさん》（はかりごと）」と「伐謀《ばつぼう》（はかりごとを考えること）」です。つまり勝敗を計算し尽くし、どうすればよいか熟考してから次へと歩を進めるべきです。

次善の策とされているのが「伐交《ばっこう》（外交を考えること）」です。つまり「どう付き合うか」、外交としてどうするかということであり、最後の最後に打つ手が「攻城」、実際に闘ってどう勝つかということになります。しかしこれが下の下の策とされています。

日中の交流には多くの前例があります。遣隋使の時代、「日出ずる処の天子から日没する処の天子へ」とした国書が隋の帝《みかど》の怒りを買っています。「天子」を名乗った対等外交は不可能と知りつつ、交流は遣唐使の時代まで続きました。これが中止されたのは、菅原道真の進言によってのことです。

時代が変わって明治時代、福沢諭吉は「アジアの悪友どもとの交友謝絶」を提言しています。当時はアジア主義が台頭しつつあり、樽井藤吉《たるいとうきち》による「大東合邦論」がその代表格でした。

しかし日本の大アジア主義者はいかに「支那の覚醒」「支那の保全」を唱えても、借款が踏み倒され、孫文までもレーニンに頭を下げてソ連に追従するようになります。日本は中国の内戦に引きずり込まれ、反日の口実はそこからいくらでも作り出されていきました。

中韓との付き合い方については、日本よりも台湾の方がよく知っています。韓国大統領だった金泳三《キム・ヨンサム》は、退任後に台湾を訪問して李登輝《りとうき》元総統との面会を打診したものの、あっさり断られました。在任中にさんざん台湾をいじめ抜き、また見え見えの金目当てに面会を望んでいた、というのはよく知られています。

韓国の過酷な台湾いじめに対し、高雄市議会は釜山《プサン》市との姉妹都市関係を断ることを、与野党満場一致で可決しました。与野党の対立が激しい台湾としては空前絶後の事態でしたが、台南市議会もこれに続いて韓国との交友謝絶を決議しています。

韓国人ほど嫌がらせやゆすりたかり、裏切りに長けた人種はいない、と考える人は多いでしょう。しかし福沢諭吉は交遊謝絶を主張したにとどまり、台湾人はきっぱりと手を切ったのです。

これは日本と好対照といえるでしょう。日本のメディアは、安倍外交が中韓との善隣外交を優先しないことに不満でしょうが、反日の相手とわざわざ付き合わねばならない理由などあるでしょうか。あるのならぜひ聞いてみたいところです。

近年、中韓が不信と裏切りの国であることを、ようやく日本人も知るようになってきました。中国では「革命外交」と銘打てば、条約も約束も守りません。韓国も日韓基本条約を結びながらそれを反故にしようとしていますが、その理由は次のようなものです。

「日本に対する請求権を放棄した一九六五年の日韓基本条約は、独裁政権時代に結ばれたものであり、当時は個人の権利が軽視されていた。しかし韓国もようやく民主主義国家となったのだから、六五年体制のゆがみを是正しなければならない。個人請求権は存在している」

フランスのダレ神父の著書『朝鮮事情』には、「五十の陰謀があっても四十九人の加担者から漏れる」とあります。それは当然で、儒教思想のいう「仁義道徳」は人間にしか適用しないものです。夷狄《いてき》は禽獣なのだから、殺しても不仁とは言わず、裏切っても不義や不信にはなりません。

とはいえ、中韓にもやはり弱みは多々あります。パクリがなければ経済はもたず、技術も日本に依存、司法は政府の用心棒か殺し屋となっています。円安一つとっても、中韓の経済は大きな影響を受けるのです。

反日が暴走して日本の手が遠のくことを最も恐れているのは、中韓の方なのです。不即不離の関係は守らざるを得ません。だからこそ交遊謝絶のカードさえ出せば、中韓を沈黙させられるのです。

13 中華の国には誉め殺しが最も有効

「誉め殺し」という言葉が日本のマスメディアに取り上げられたのは、竹下内閣の時代に民族派の街宣車が、国会周辺で総理に対し行ったのが始まりです。

罵詈雑言で攻撃すると、一歩間違えれば名誉棄損になってしまいます。逆に誉められれば誰も悪い気はしませんが、食傷気味になる、あるいは見え見えのものだと、逆手に取られる危険があります。日本人に対し誉め殺しがどれだけ効果を発揮するかは分かりませんが、中華の国々の人間に対して効果抜群なのは間違いありません。

幼い頃から国自慢の教育を受ける中華の国は面子を重んじ、自慢話が大好きです。ことに韓国人のウリナラ(我が国)自慢はよく知られています。論争合戦で嘘を突き通しても恨《ハン》を残すことが多いくらいですから、メンツをつぶされた場合はまさに恨み骨髄です。「世界一聡明なる民族」「二十一世紀は韓人の時代」または「中国人の世紀」でも構いませんが、誉めそやして有頂天にさせれば我を忘れて暴走し、最終的には自爆するのではないでしょうか。

身近な例を挙げてみましょう。「従軍慰安婦」の事情をよく知る台湾人には、「韓国人は存在しないことを日本人に無理やり押し付けている。実によこしまな人種だ」と嘆く識者が増えています。「ない」ものを「ある」と言い張る人間は世の中から嫌われ、「国の品格」「民族の品格」まで問われるのが常識です。慰安婦や伊藤博文を暗殺した安重根《あんじゅうこん》の像を建てて日本に嫌がらせをしたりする暴走ぶりが、やがて愚行としてさらし者になることに、韓国人は気づいていません。自分で「世界一聡明なる民族」と名乗ることからも、その性格がうかがい知れます。

自画自賛の韓国史を読むと、英雄が実に多いことに騙されそうになりますが、一人一人検証してみると、李舜臣《りしゅんしん》(豊臣秀吉の朝鮮出兵の際に朝鮮水軍を率いて交戦した将軍)も安重根も英雄というより抵抗者、ニーチェのいうルサンチマン（強者に対する弱者の怨恨や憎悪）に過ぎません。自律性も創造性もない歴史における、ただの逆襲でしかないのです。

その理由は半島であることだけではありません。イベリア半島やバルカン半島は、文化や文明、文物に多くの遺産を創出しており、ナポレオンはコルシカ島の出身です。チンギス・ハーンももとは砂漠の一小部族のリーダーであり、子孫たちが大モンゴル帝国を築いたのも数ではなく、同盟と結集の能力によるのです。

朝鮮人にも、自民族の弱みや情けなさに気付く者がいました。前述したように、儒者の林白湖《りんはくこ》は「四夷八蛮《しいはちばん》がすべて中華の主になっているのに、朝鮮人だけができなかった」と憤っています。それができなかった理由はもちろん多々あるでしょうが、目先しか見えない民族であることも原因の一つでしょう。

慰安婦や安重根の像をあちこち作ればどうなるか、朴大統領でさえ恐らくそれほど考えてはいないでしょう。実に短絡的です。仮に日本人の悪行を世界にさらけ出すことで恨《ハン》を解消できるとしても、それで何の得があるのでしょうか。

朴大統領はテロリストに父母を殺されています。これに限らず、建国のリーダーはたいてい政敵に殺されるか、内ゲバで消されています。

それでもテロリストを建国の英雄として顕彰したい、という発想からしても、やはり歴史のなんたるかをまったく知らないと考えられます。大統領までが、そのような思想の貧困をさらけ出しているのではないでしょうか。

北の金王朝は三代続けて権力固めに躍起となっており、南は親・中北か親・日米かで揺れて愚行を続けています。李朝建国以来すでに六百年が経っているのに、半島は北も南もメンタリティがほとんど変わっていません。

イデオロギーも時勢とは関係なく、世を見る目も歴史を見る目もありません。魂も心もないカカシそのものなのです。中国の歓心を買うために台湾を叩き、米国の歓心を買うためにベトコンを叩く「事大一心」であり、世の中など見えるはずがありません。

誉め殺してやれば、北も南もさらに有頂天となって自滅する可能性は低くありませんが、武士道の国としては同じ土俵で堂々と戦いたいのは当然でしょう。しかし相手はウリナラ自慢の国であり、つけ上がると我を忘れてしまう。大中華であろうと小中華であろうと、誉め殺しには勝算があると知るべきです。

第4章　日本の覚醒——ヤマトイズムの世界的展開

1　自分の国に誇りを取り戻そう

戦後「日本人として恥ずかしい、地球人や宇宙人になりたい」という人が現れ、増えていきました。こういう日本人が増加したのにはさまざまな理由があるでしょう。そもそもルース・ベネディクトがいうように、「罪の文化」の西洋と対比した日本文化は「恥の文化」です。反日教育や反日メディアによって作られた「新人類」の出現もその成果の一つでしょうが、理由はそれだけではありません。

土俗的な宗教を除いて、イスラム教やキリスト教といった世界宗教はみな地球人志向を強く持っています。宗教は基本的にコスモポリタン的性質が強いからでしょう。他のカルト集団にも地球人的な志向を持つものが少なくありません。

しかし口ではそう言っても、本心は分かりません。建前であることも少なくないからです。発言の本気度を確かめるには、公私ともに主張が一致しているかを見ることです。

「天よりも地」が大事だと教えられたのは、鈴木大拙師の「日本的霊性」からです。師によれば、天はわれわれから遠すぎます。日本的霊性(宗教意識)が生まれたのは、母なる大地に根を下してから、禅宗と浄土系仏教が民衆のものとなり、鎌倉仏教として花が咲いたときからだと説きます。私は地球人や宇宙人になりたがる人間はどうみても、心もとない、根無し草にみえます。土地に愛情のない人間は真に他人への友愛はできないと確信しています。

たとえば鳩山元総理は「友愛」を旗印に「日本列島は日本人だけのものではない」と公言していましたが、果たして「鳩山家の財産は鳩山家だけのものではない」と発言して実行に移す決断力はあったのでしょうか。これこそが、その人物の人となりを図るポイントだと思われます。

日本人に限らず、自国に嫌悪感を持つ人はいます。「中国近代文学の父」魯迅《ろじん》、「朝鮮近代文学の父」李光洙《イ・グァンス》にも自己批判的な言説が多く見られます。

自己批判を自虐と同一視するか否かはその人の勝手ですが、私に言わせてもらうなら、自虐的日本人は「ぜいたく」です。中国や朝鮮のように迫害され、果ては暗殺される心配は日本にはなく、勇気も責任も必要ありません。ただ衆愚に迎合すればすむのだから、楽なものです。これこそ戦後日本人ならではのぜいたくといえるでしょう。

人間は生を受けた地によって運命が決められてしまいます。一言いうのにも勇気や決断がいる場合もあるのです。私と同年代かそれより上の世代は、たいてい中華文化・中華文明の洗礼を受けています。口に出して発言するどころか、潜在的に周囲に影響力を持つと判断されただけで、駅前の広場で見せしめの処刑が行われていました。

そんな中、文明と野蛮をどう区別するか、つねに醒めた眼で世間を見るようになっていました。そういう立場から言うと、戦後の日本人が戦前より立派とは思えません。先人の行動を云々する能力もなければその徳性もありません。尊敬の念を集めていたのも、戦後ではなく戦前の日本人でした。

アイルランド出身の作家ラフカディオ・ハーンこと小泉八雲が日本の美に惹かれ、日本人以上の日本人になったのは有名です。

江戸時代に来日したドイツの医学者ケンペルは、『日本誌』で「日本人は世界一礼儀正しい」と絶賛しています。科学者アインシュタインも「絵の国、詩の国」「心優しく謙譲の美徳を持つ国」と賛美しました。彼が見た日本の美点は自由や富ではなく、きちんとしたしつけや「感情のやさしさ」「同情心の強さ」だったのです。

外国から見た日本、日本人の素晴らしさは、拙著『日本人はなぜ世界から尊敬され続けるのか』『日本人だけが知らない　世界から絶賛される日本人』『日本人こそ知っておくべ

き　世界を号泣させた日本人』（徳間書店）で詳しく紹介しています。

ヨーロッパへ行くとよく出会う「地球人」は、放浪生活を送るジプシー（ロマ人）ですが、今は多くが大都市から追われ、代わりに中国からやってきた温州人が新たな「地球人」として跋扈《ばっこ》しています。

戦後日本人が「日本人として恥ずかしい」と自虐し、地球人になりたがるのはなぜでしょうか。それは国としての誇りが失われたからではないでしょうか。

その理由ももちろん単一ではないでしょうが、昔流行《はや》った実存主義の言葉を借りるなら、「自己喪失」からくると思われます。国の誇りを「喪失した」というより「奪われた」といった方が正しいでしょう。戦後日本人は伝統的な文化や精神、価値観、人生観、世界観のみならず心や魂まで奪われ、国家意識も奪われたのです。

戦前のアジア主義者たちは「支那覚醒」を期待していましたが、「眠れる獅子」は目覚めず、結局は中華思想が強固になったにすぎませんでした。しかし日本人の覚醒は予想以上に早く訪れています。反日の二大勢力だったメディアと教育の影響力が後退し、市民運動や平和運動による茶番が民衆から離れていったせいもあるでしょう。

日本人はやはり古《いにしえ》からの底力を持っており、そこから生まれた対応力も強固です。だから反日一色に染めるのは、それほど容易ではないでしょう。多様性の豊富な国でもあるので、時が移り世が変われば日本もそれなりに変わっていくのです。

外からは「日本は右傾化した」ともいわれていますが、一時的に反日勢力から貶められようと、長期的には続かないでしょう。中韓による過激な反日行動が、失われた日本人の誇りを取り戻すきっかけになったともいえます。

中華の国々のお国自慢を聞くと、たいてい他人を貶めることを自国の誇りと錯覚しているのが分かります。日本に対しても現在より過去をあげつらい、「正しい歴史認識」と称するものを押し付けてきます。

また中国の教育は、「歴史悠久」「土地広大」「人口衆多」と、過去の歴史を誇るものが中心です。韓国のウリナラ自慢も「文化、文明、文物はほとんど韓国発だ」というものばかりです。

しかし中国は現在、すでに黄泉《よみ》の国となりつつあります。何しろ「嘘でないのはペテン師だけ」という国ですから、お国自慢できるような状態ではありません。

「日本人よ、自分の国に誇りを持ちなさい」といくら呼びかけても、学校教育ではいまだに自虐教育が続いています。今の日本は社会が安定しており、世界の貢献でもトップを走っており、誰が見ても天国にいちばん近い国なのです。マゾヒズムの病いを癒し、「真実」を教えさえすれば、ごく自然に自国に誇りを持てるようになるでしょう。

２ 獅子身中の虫・反日日本人の妄想と暴走

「獅子身中の虫」という言葉があります。獅子の体内に寄生して、ついには百獣の王・獅子まで殺す虫のことで、生命共同体などの内部から害をなす者を意味する言葉です。

日本における「獅子身中の虫」とは何か。いわゆる平和運動家、反日日本人というべき存在こそそれだ、と私は考えています。

その中核にいる多くが、いわゆる文化人です。彼らは戦時中に受けた皇国教育をＧＨＱによって突如否定され、「八紘一宇《はっこういちう》」の夢を打ち砕かれた喪失感、また戦争に協力した過去を打ち消したい思いから、共産主義に新たな夢を託すようになったのです。こうして戦後型の「進歩的文化人」が生まれ、言論界や思想界、教育界を支配するようになったのでした。

戦後の反戦運動は、画家・児童文学家である小林トミの「声なき声の会」、評論家の吉本隆明らが支持した「共産主義者同盟（ブント）」、作家の小田実を代表とする「ベトナムに平和を！　市民連合（べ平連）」などがあります。

これらの団体は反戦、反米を声高に叫ぶ一方、中国や北朝鮮を「地上の楽園」とほめそやしました。日本のような議会民主主義国家ではなく、人民専制（プロレタリア独裁）こそが「真の民主主義」だとして崇拝し、「社会主義国家の核は自衛のためのもの」「中国の核はきれいな核、アメリカの核は汚い核」などと公然と語る平和主義者まで輩出したのです。しかし中国の文化大革命やソ連・東欧の崩壊、冷戦終結で、平和運動はだいぶ下火になっています。中国の軍拡や北朝鮮の核武装が明らかになるにつれ、社会主義こそ平和国家という主張が説得力を失ってしまったこともあるでしょう。

代わって出てきたのが歴史問題です。反戦平和運動の残党は、従軍慰安婦問題や靖国問題で中韓の反日勢力に注進・呼応し、自衛隊の存在や日本における過去の戦争犯罪を糾弾し続けています。それでいて、中国で現在進行中の軍事行動や人権弾圧には何も言おうとしません。だからある意味、日中・日韓の歴史問題は日日問題ともいえるのです。

もちろん、日本には思想の自由があり、個人が何を考え何を主張しようと勝手です。しかし彼らが反日国家の手先となり、自国より外国の利益を優先して政治や外交に圧力をかけているのであれば、それはとうてい許されることではありません。

万事につけ平等をうたう彼らですが、その実、強いエリート意識を持ち、国家を「反動的・後進的」、国民を「無自覚な愚民」と見下しています。その一方で中韓にひれ伏し、自国の顔に泥を塗ることにいそしんでいます。

もちろん中韓にとっては好都合な存在ですから、「良心的日本人」「日本にも話の分かる相手がいる」ともてはやします。では自国内にそういう人間が出たらどうなるかというと、「売国奴」として弾圧される運命が待っています。

ノーベル平和賞を受けながらも投獄されたままの劉　暁波《りゅうぎょうは》はもちろん、逮捕・拷問される人権活動家は後を絶ちません。国家にとって、平和運動はそれほど危険なものなのです。日本の平和運動家も、本来なら平和な日本ではなく、中国で活動を展開するべきです。言論どころか命の保障はありませんが。

韓国でも二〇一三年「日本の植民地統治はよかった」と発言した九十五歳の老人が三十七歳の男に殴殺されるという事件が起きています。男は「愛国心ゆえ」と供述、実刑となりましたが、ネット上では「日帝を称賛した時点で殺されて当然」「正義の審判」という声が相次いだといいます。高齢者を一方的に殴り殺すことが「愛国」なのですから、祖先を大事にする小中華とは思えません。歴史を知らない若者にどれだけ歪んだ反日感情が広がっているか分かろうというものです。

反日日本人は日本の「国民」であることを否定し、「市民」「地球人」であろうとします。ここでいう「市民」とは「市民会館」の市民とは違い、「近代社会を構成する自立した個人」を意味します。国家に属する「国民」ではなく、「自立した個人」として「個」を重視するのがポイントです。「国家に縛られず個人を尊重する」といえば聞こえはいいのですが、その実態は日本という国家の代表的存在である天皇国家をはじめとする伝統文化、精神、価値観を否定することにあります。

ちなみに「中華人民共和国」に存在するのは「国民」「市民」ではなく「人民」「反人民」です。リンカーンの有名な「人民の人民による人民のための政治」における「人民」は「民主主義の担い手」という意味ですが、中国では「共産主義に賛同する民衆」といった意味になります。反革命分子は「反人民」であり、思想改造されてようやく「人民」になるのです。

「市民」意識が「国民」意識を上回れば、その国家は没落します。「市民」は一見超国家・超民族的で「国民」以上に普遍性を持っているように見えますが、「自立した個人」の寄り集まりでは文化や共同体を維持することはできません。

全人類が「市民」「地球人」になれば話は別ですが、日本だけが「市民」の寄り集まりになれば中韓の食い物になるしかないでしょう。そして、それを望んでいる「獅子身中の虫」こそ反日日本人なのです。

3　日本第二の敗戦を問う

日本は大東亜戦争で敗れ、開国維新以来の大日本帝国が営々と築いてきた多くの遺産を失いました。この時失われた遺産には、目に見えるものもあれば、目に見えないものもあります。

じっさい日本が負けたのは日米戦争においてです。中国は戦勝国となったものの、「惨《さん》勝《しょう》（惨めな勝利）」か「幸勝《こうしょう》（運に恵まれての勝利）」と自ら認めていました。日本はすぐに廃墟から立ち上がり、経済大国となりました。この時期は周辺諸国が国共内戦、朝鮮戦争、ベトナム戦争、カンボジア内戦などで殺し合いや軍事クーデターを繰り広げていました。アジア以外のアフリカやラテンアメリカでも同様でした。国内紛争ばかりでなく、印パ戦争(インド・パキスタン戦争)のような対外戦争も起きています。

そんな中、日本は内戦も対外戦争もなく、平和と安定を保ち続けています。国連の統計をはじめとするさまざまな調査でも「世界で最も住みたい国」であり、「最も天国に近い国」の一つなのです。

とはいえ「経済一流、政治三流」とまで言われた日本経済にも陰りが見えています。八五年のプラザ合意後は順調に見えましたが、九〇年代に入ってバブルが弾け、「失われた十年」、さらに「失われた二十年」に突入している状態です。その原因はデフレなどさまざまに分析されていますが、理由は一つではありません。目に見えるハードウェアの面のみならず目に見えないソフトウェアの面でも数多くあるでしょう。

経済の長期停滞、迷走は総合的な国力低下の一因ではあるものの、経済だけが原因ではありません。古代ローマ帝国没落の要因もさまざま論じられていますが、最も一般的な説はパンとサーカス(食事と娯楽)を保障されることで精神的に堕落した、というものです。カルタゴやベネチア、中国の南宋の滅亡の原因も、やはり経済的繁栄にあったと考えられています。

戦後日本は経済面では立ち直ったものの、むしろ精神面やソフト面における「第二の敗戦」が真の危機といえるのではないでしょうか。

いわゆる「善隣外交」が難しいのは、現在の国際情勢を見ても明らかです。米加（アメリカとカナダ）のように長い国境線を有しながら衝突が見られないのは珍しい、というより例外的と見るべきでしょう。ヨーロッパも、ＥＵ前と後でかなり様子が異なっています。

一方東アジアは、同一民族である半島の北と南でも仲がいいとはいえません。北による「火の海にするぞ」という脅しは今でもよく聞かれます。中国でも、北京中南海の「明争暗闘（陰に陽に戦うこと）」、また「呉越の争い」の時代から続く上海と広東の対立などがあります。

村対村の械闘《かいとう》もあり、江西省内だけでも九〇年代以降、年に三百回以上の争いが起きているのです。これが隣人同士の常識であり、社会の掟なのです。村社会といわれる日本人ですが、やはり日本の常識が世界に通じないことも多々あります。

中国・韓国・北朝鮮、特に中韓の国造りには外敵が必要です。そこで「運よく」選ばれたのが日本でした。その表看板を総括するのが「歴史」と「靖国神社」です。これを切り札に「反省と謝罪」を求め、江沢民によれば「日本を永遠に謝罪させせよ」と、未来永劫日本に平身低頭させる目論見でいます。

小中華・韓国の朴大統領が「加害者と被害者の立場は千年過ぎても変わらない」と発言しているのに対し、江沢民は「永遠」ですから、スケールの違いはさすが大中華というべきかもしれません。

蒋介石政府や毛沢東政府が日本とどう戦ったか、創作以外の話はあまりありません。韓国も日本と戦争したわけではなく、「特攻」に志願した者までいたのです。これが歴史の常識というものです。

しかしいつしか日本は中韓のゆすりたかりに位負けしてしまったのではないでしょうか。私が「第二の敗戦」と位置付けるゆえんです。目には見えない敗北ですが、だからこそ深刻なのです。その理由は二つあります。

まず、「歴史」「靖国」は日本人にとって心や魂に属する問題です。これらはいかなる国でも同じはずですが、日本だけは知らず知らずのうちに外交問題にされてしまっています。「日本の歴史や靖国が中韓と何の関係があるのか」と問い返し、歴史教育の検閲など許すべきではなかったのです。

もう一つは、日本人には過去を「水に流す」という前向き志向が強いことです。中華の国の尚古主義・後ろ向き志向とは方向性も伝統文化も、社会の仕組みもおのずと異なります。にもかかわらず、いつしか日本人は中韓と同じく、現在や未来よりも過去を執拗に詮索するようになってしまいました。

この二つの変化こそ、外力によって日本人の心や魂、さらに伝統文化が放棄されてしまった結果と見るべきでしょう。この「第二の敗戦」が戦争での敗北以上に深刻なのは、戦後史を見ても明らかです。

焼跡からすぐに立ち上がった日本人の努力は感動的であり、その姿は実に美しいものです。しかし心や魂を喪失してしまった「第二の敗戦」は悲しく、そして醜いものに感じられます。

日本人の美しい魂はいつ蘇るのでしょうか。

４　背信と裏切りの国・韓国とどう向き合うか

韓国とどう向き合うかについて、日本人はあまり歴史から学んでいません。だからよいカモと見なされ、騙されてばかりいます。思いやりや信義は日本社会でしか通用しません。「信に過ぐれば損をする」という伊達政宗の家訓があるほどです。

中韓といった中華の国は信義を守らず、国際条約であっても都合が悪ければすぐ反故《ほご》にしてしまうので、食言（約束を守らないこと）や契約不履行は日常茶飯事、油断した企業は食い物にされてしまいます。いかなる国際条約も「革命外交」と称して否定してきたことは近現代史が物語っています。

韓国でも現朴大統領が就任してから、日本に「正しい歴史認識」を突きつけて高飛車な態度を取っています。日本人はあまり韓国史に興味を持っていないようですが、その歴史は裏切りと不信の連続です。日本人にその「正しい歴史認識」があれば、何度も騙されることはないはずです。

余所者《よそもの》に対してばかりではありません。身内や仲間同士でも裏切り合い殺し合う関係が半万年の間続いてきました。前にも述べた通り、フランス人の神父ダレは、ローマ法王への報告書にあたる『朝鮮事情』で「（朝鮮人の）五十人が陰謀を持っていれば、そのうちの四十九人から漏れる」と記しています。このように不信と裏切りが当たり前で、もはや国民性といってもよいでしょう。

そもそも、半島史そのものが身内の裏切りの歴史です。李朝の始祖・李成桂《りせいけい》が高麗朝を奪った時から、王子たちの裏切りや殺し合いがすでに始まっていました。明の三代皇帝・世祖の宮廷も朝鮮貢女（宮廷慰安婦）の陰謀に明け暮れ、永楽帝の権賢妃まで毒殺されたと伝えられています。また豊臣秀吉による征明の役で、王子を捕らえて加藤清正に差し出したのも臣下でした。

これも既に述べましたが、後金国の二代皇帝ホンタイジは北元（大元の後継国家）からチンギス・ハーン伝国の印璽《いんじ》を受け継ぎ、満蒙連合王朝で清帝国を旗揚げするつもりでした。しかし朝鮮は宗主国の明を恐れてこれを拒否、ホンタイジが朝鮮に侵攻する丁卯胡《ていぼうこ》乱《らん》が起こります。

降伏した朝鮮は、人質の王子の代わりに替え玉を差し出しました。これが発覚したため、ホンタイジは「反覆無常《はんぷくむじょう》」（ころころ変わる）の朝鮮を徹底的に攻撃し、人口の半分を北方に強制連行しています。朝鮮が慕華館、迎恩門、頌徳碑といった屈辱的な建造物を造らされたのは、この時の背信の結果なのです。

また一九〇七年、大韓帝国皇帝になった統監府時代の高宗が日韓条約の破棄を狙って密使を派遣した「ハーグ密使事件」が起こりました。元総理の伊藤博文統監は「このようにこそこそと卑怯な行為は許せない、むしろ正々堂々と宣戦布告せよ」と激怒したといいます。しかし「正々堂々」は日本ならではの国民性であり、「こそこそ」が朝鮮のエートスであることを知るべきです。

韓国でつくられた民族英雄の李舜臣《りしゅんしん》も、和議の後になってから、倭軍《わぐん》をだまし討ちした「卑怯」きわまりない「英雄」です。日本人は「正々堂々」を求めるが、韓国人はまったく逆で、裏の手が得意で、李舜臣だけでなく、安重根《あんじゅうこん》も「裏の手の英雄」とも言えます。

日本人は韓国人の反日に注目していますが、台湾人は韓人のいじめや裏切りに関心を寄せています。虐殺や差別こそ半島の「正しい歴史認識」なのです。

歴史から教訓を学ぶとすれば、最も恐ろしいのは宗主を乗り換えた後、旧宗主に対する仕打ちではないでしょうか。韓国がなぜ戦後一転して反日、克日へと心酔していったのか。韓国人の反日については、この流れにもっと注目するべきです。

明から清に乗り換えた時に起こった明人大虐殺、米軍の先頭に立ってのベトコン叩き、任期を終えた歴代大統領の末路などを考えても、韓人のやり口は想像できます。

一九三一年に満州で起きた万宝山事件は、満州移民をめぐる漢人と韓人虐殺の報復合戦でした。満州軍閥の張作霖《ちょうさくりん》は「朝鮮人を一人も満州に入れない」と追放を図ったものの、関東軍に庇護された朝鮮人は漢人を徹底的にいじめ抜き、「二鬼子（日本は「大鬼子」と呼ばれ、朝鮮人は日本の次である「二鬼子」と呼ばれる）」と呼ばれるほど虎の威を借りる狐として嫌われていました。

創氏改名も、もともとは満州の朝鮮人が漢人より優位に立つために欲したという背景があります。すなわち「虎の威を借る狐」の知恵が、その動機の一つでもありました。朝鮮の農民がどんな過酷な暮らしを強いられていたかは、多くの西洋人の見聞録、また丁若鏞《チョン・ヤギョン》の『牧民心書』にも描かれています。韓国の弱者いじめの国民性は、両班《ヤンパン》の奴婢《ぬひ》いじめを原点としているのです。

統監府時代、総督府時代の反日運動のほとんどは諸団体とゲリラの内ゲバに終始し、指導者たちは最終的にみな殺されました。戦後アメリカに庇護された李承晩が大韓民国の初代大統領となり、その後も内ゲバと虐殺が続きました。朴正煕の暗殺や盧武鉉の自殺にも、側近が絡んでいたとされています。

従軍慰安婦問題をめぐる河野談話の根拠となった「報告書」は、実にずさんなものでした。二〇一三年十月十六日付の産経新聞は、報告書は氏名も証言も曖昧なもので、韓国に対し配慮したことでまんまと相手の罠にはまったことについて「日本の善意が裏切られた」

とその経緯を報じています。

日本人は、背信と裏切りこそ韓国人の国民性、むしろ定め（運命）というべきものであることを知るべきです。「正しい歴史認識」といいながら過去の一時期だけにこだわるのでは、歴史の真実を知ることなどできません。歴史は金太郎飴ではなく、近因、遠因など無数の要素で成り立つ、事実と因果の積み重ねです。少なくとも、半島における裏切りと内ゲバの積み重ねを知っていれば、これ以上罠にはまることはないでしょう。

5 祖国から脱走する中国人・韓国人の行方

新大陸の北米や中南米、オーストラリアなどとは違って、日本には移民を厳しく制限する傾向がありました。それへの反省もあってか、自民党や民主党が、一千万人の移民を受け入れる計画を立てていたことがあります。

しかし日本列島はその歴史上、多くの渡来人を受け入れてきました。中国の伝説によれば、「日本人は徐福《じょふく》（秦の始皇帝の家臣。日本に来たという伝承がある）や太伯《たいはく》（呉の祖とされる人物。日本人の祖先とする伝承がある）の子孫」とされており、最近の学者にも「中国人がその先進的な技術で日本国を作った」「弥生人は中国人だ」とまで言う人がいます。「日本文化は中国文化の亜流（韓文化）のそのまた亜流」という韓国人の説のさらに一枚上といえるでしょう。

黄河中下流域の中原に住む「華夏《かか》」の民は、北方の騎馬民族に圧されて南下していきます。こうして南部に住む百越《ひゃくえつ》の民が漢民族に圧され、さらに南へと逃れていきました。こうして中華社会は、戦争や飢饉による流民・難民の四散によって拡大していったのです。このように、中国の領土拡大は南下が主流でしたが、十九世紀末からは逆に万里の長城を越えて南モンゴルや満州、人民共和国の時代に入ってからは新疆《しんきょう》ウイグルやチベット、改革開放後はさらにあらゆる陸路・海路・空路を経て国外へと流出しています。

イギリスの文明論者トインビーはかつて「東南アジアのマレー、満州は中国人の地になる」と予言していました。西洋人がただの過ぎ行く客に過ぎないのに対し、中国人はそこを天国として永住の地に定めたから、というのがその理由です。

しかしトインビーの予言が当たったのは満州だけでした。もともと満州は清王朝の発祥の地として封禁《ふうきん》（移住禁止）とされていましたが、回乱《かいらん》（イスラム教徒の反乱）平定後の十九世紀末から漢人が流れ込むようになりました。満州国建国後、内戦と飢饉に苦しむ中国人

にとって、この地は王道楽土となり、年間平均百万人が万里の長城を越えて入国していま
す。そして二十一世紀の今、満州の人口はすでに億を超えるようになったのです。

一方、東南アジアは大東亜戦争後に独立し、華人は余所者《よそもの》になります。トインビーは中国系移民の流入を「平和的浸透力」と位置付けていますが、ウイグルやチベットへの生産建設兵団・移民の大量流入は決して「平和的浸透力」などではありません。

トインビーは「日本列島もやがて中国人に埋め尽くされる」と予言していますが、実際はどうでしょうか。密入国やオーバーステイなどで不法滞在する中国人の数は不明なものの、在日韓国人の数と並ぶか、すでに超えていることはほぼ確かです。

農村からあふれ出た流民は、以前は「盲流《もうりゅう》」、その後は「民工《みんこう》」と呼ばれ、その数二億五千万人とも推定されています。祖国を脱出する中国人の流れは九〇年以後巨流となりつつあり、中国政府ももはや阻止できず、「走出去(海外に出る)」を国策にせざるを得なくなっています。

出ていくのは「裸官」や留学生ばかりではありません。ニューヨークタイムズによれば、二〇一〇年だけで五十万八千人もの三十代の中国人技術者が欧米へ流出しており、これは二〇〇九年より四五パーセントの増加です。

一方、朝鮮半島では唐軍やモンゴル軍、満蒙八旗軍などによる「強制連行」もありましたが、李朝末期の「三政紊乱《びんらん》（田政、軍政、還政の腐敗）」と飢饉によって、多くの流民がシベリアや満州になだれ込みました。日韓合邦後も朝鮮人が日本に押し寄せるのをあの手この手で阻止しなければならず、半島で組合や市民集会による抗議運動が起こるほどだったのです。現在も国内情勢に伴い、祖国脱出は激増し続けています。

中韓とも海外に活路を求める動きが強まっており、従来の政治難民と違う経済難民や環境難民が増えつつあります。

「日本人であることが恥ずかしい、地球人になりたい」という人もいます。元社民党の辻本清美議員などはその一人ですが、日本を捨てたければいつでもそうすればいいのに、日本にしがみついているのはなぜなのでしょうか。「地球人になりたい」という人は宗教関係者に多いのですが、宗教には国境がないからでしょう。

「地球人になりたい」日本人から私がよく連想するのは、ヨーロッパの都市にたむろしているジプシー（ロマ人）です。しかし欧米では目下「温州人（浙江省出身者。「中国のユダヤ人」と呼ばれることがある）」が暗躍しており、ジプシーも近年、新たな「地球人」である温州人に圧されつつあります。

少子高齢化社会の日本にとって、移民受け入れは一考に値するでしょう。しかし受け入れるべき一千万人は、一年間に中韓から入ってくる人間で埋まってしまいます。

しかも、中国人の四人に一人がエイズキャリア、五人に一人は肺病とされています。B型肝炎のキャリアは七億人以上、精神異常者は一億人を超え、十～二十年後には四億に迫るという報告もあります。日本列島の未来はどうなるのでしょうか。

6 中国の夢と人類の夢は違う

中国がそれまでの国是を百八十度転換し、「世界革命、人類解放」というマルクス・レーニン的社会主義イデオロギーを放棄したのは、一九八九年の六・四天安門事件後のことです。文化大革命後も迷走が十年以上続き、江沢民の時代に入ってマルクス主義の凋落も明らかになってきたため、「民族主義、愛国主義、中華振興」の三点を新たな国策に定めたのです。

かつて人民共和国の共産主義革命は、万民平等の夢でした。しかし社会主義国家建設後三十年経って、「地上の楽園」実現が不可能であることが明らかになったのです。冷戦終結後、パックス・アメリカーナは確実に世界に君臨しており、もはや「国家死滅」の時代ではなくなりました。そこで鄧小平は「先富起来《せんぷきらい》(可能な者から裕福になれ)」を公然と掲げ、平等を否定して権貴《けんき》資本主義へと猪突猛進したのです。

昔から、中国人の夢には二種類ありました。漢末の黄巾《こうきん》の乱のように「太平道」で太平や平等を目指すものと、天命を受けた有徳者が無道無徳の旧主に代わって天子となり、万民に君臨するという、いわゆる「真命天子《しんめいてんし》」による天下取りの夢です。太平天国の乱や毛沢東の革命は前者、鄧小平による改革開放は後者といえるでしょう。

習近平の時代に入って「中華民族の偉大なる復興」の夢が掲げられ、胡錦濤も「海の強国」の夢を語るようになりました。海の強国を標榜するのは、全体主義国家や中華王朝への回帰を総括する意図によるものです。その背景にはいくつかの理由があります。

①中国の民衆が数千年来求めてきた「太平と平等」の夢と、フランス革命以来強調されてきた「自由と平等」の夢は、共有されるというより二者択一するべきものでしかないことが、東西冷戦を経て明らかになってきた。結果として中国は「太平と平等」を捨てざるを得なくなった。

②ソ連や東欧における体制崩壊の連鎖を逃れ、共産党一党独裁の最終防衛のためには「国家の回復」としての「民族主義と国家主義」を掲げて「中華振興」へと先祖返りしなければならなかった。

③漢の武帝は万里の長城を越えた境界まで領土を拡大したものの、人口は半分に減った。老帝はその後も太子と争い、内戦による死者は数万人にのぼる。当時は悪名高かった武帝だが、現代では「民族英雄」として人気絶頂を誇っている。清の開祖ヌルハチから六代二百年をかけて、清帝国の領土は東アジアの諸地域まで広げられ、中国の伝統領土の三倍となった。この最大版図こそ「真の統一」であるという夢は、徐々に民衆の夢となりつつある。領土拡大は中国民衆の夢であり、民意といえるのではないだろうか。

④アヘン戦争後の中国は一貫して「富国強兵」を目指してきた。自強(洋務)運動と、中華振興の覇権を目指す戊戌《ぼじゅつ》維新、民国革命、改革開放など、多くの革命や運動は富国強兵を目的としている。古人の夢には「財子寿(財産、子だくさん、長寿)」「五福(長寿・富貴・健寧・好徳・善終)臨門」「昇官発財(地位が上がり財産ができる)」といった個人の夢もあるが、これらは内的な欲求であって、中国共産党も国民党も、全体主義的中華価値である「偉大なる中華民族の復興」から逸脱することはできない。

では「中華の夢」と「人類共通の夢」はどこが違うのか。

西洋の優位やその価値体系は大航海時代後に徐々に確立されていき、世界に受容されています。そんななか、アジア的な開発独裁が人類共有の普遍的価値観として世界に受容されることはあるのでしょうか。

中国のプロレタリア独裁が、多党制や三権分立、私有財産制などを否定したとしても、それは鄧小平のいう「独自性」「中国的特色を持った社会主義」以上のものではなく、人類共通の夢としての魅力はありません。

中国は人権を否定こそしていないものの「人権よりも生存権が優先」と強調していますす。しかし人権を守るために生存権を放棄する国などありません。中国外務省が「中国はアメリカの五倍も人権を尊重している」といいますが、この倍率には何の根拠もありません。少なくとも「中国はアメリカ以上に人権を尊重している」と考える人間は、中国人を除けば誰もいないでしょう。

また九〇年代には、日本のマスコミが「大中華経済圏成立」と喧伝したことがありますが、東南アジア諸国が中国政府の真意を確認したところ、慌てて否定したということがありました。戦時中の日本の「大東亜共栄圏」が否定される一方で、「大中華共栄圏」が肯定されているのには首をかしげざるを得ません。

中国人の夢と人類の夢の最大の違いは、近代に確立された「個の自由」と「法」の有無でしょう。韓国の朴槿恵大統領までが「韓国の夢は中国の夢に付き添う」と唱和しています。しかし中国には「力の意志」しかないため、中国人以外には魅力がありません。しかもそれはしょせん過去の栄光の「復活」「復興」であり、人類共通の未来にはなり得ないのです。

「中華の偉大なる復興」など、人類にとっては悪夢でしかありません。それは中国人にとっても同じではないでしょうか。

7 戦後日本の最大の敵

日本にとって長い間脅威、天敵とされていたのはロシアでした。ロシア南下の脅威は日清戦争以前から続いていましたが、日中戦争は中国の挑発と内戦が主軸であり、日本は支那膺懲《ようちょう》(中国を懲らしめること)の罠にはまっただけのことです。戦前も戦後も、日本最大の国家課題は「赤禍《せきか》の防遏《ぼうあつ》（共産主義勢力の阻止）」でした。

最近、日本人の嫌韓・嫌中感情が増しつつあるのは、中韓による反日運動の結果でしょう。韓国の大統領が「仮想敵国は北の金一族よりも日本」と発言、中国もアメリカ帝国主義・日本軍国主義・台湾分裂主義を三大敵とみなし、近年は東の日本と西のインドに的を絞ってきています。しかし、これらはあくまで中韓の都合によるものでしょう。

近代国民国家は、それ以前の前近代国家とは違います。国家の原理原則は、一にも二にも国益の優先にあります。マックス・ヴェーバーのいう「家産制国家」中国では、国家そのものが有力者一族の家産であり、中国も「家天下《かてんか》（天下は一家族のもの）」を自称しています。ゆえに国富は民富ではなく、国家と国民は「国富民貧」「剥民肥国」のような対立関係にあります。

日米関係は仮想敵国から真正敵国を経て、今では同盟国の間柄です。左にも右にも親米や反米の感情はあるものの、日米欧関係を国益で考えれば「白禍《はくか》（白人種の脅威）対黄禍《おうか》（黄色人種の脅威）」などという段階ではありません。二十一世紀の秩序と国際力学から、日本の生存条件を改めて考え直さなければなりません。

日本の仮想敵国や真正敵国は大きく変動していますが、これは日本ばかりではありません。毛沢東は人民共和国成立後に、内なる敵「毒草」を駆除する反右派闘争にいそしんでいます。仮想外敵も米帝、ソ修(ソ連により修正されたマルクス主義＝修正主義)、日本軍国主義と移り変わっています。

現在の日本最大の敵は、外敵よりも内敵です。すなわち、外敵と手を組んで日本をむしばむ反日日本人を主役とする市民運動団体や平和運動団体なのです。ではなぜこれらが最大の敵なのでしょうか。

いかなる国であろうと、近代国家の国造りの際には国民主義運動が推し進められ、それによって近代国民国家は成熟していきます。しかし終戦後の「世界革命、人類解放」を掲げる社会主義革命の風潮に乗って、国民意識に代わる市民意識を鼓吹してきたのが市民運動です。

市民運動はコスモポリタン(世界主義)的で、普遍的価値を持っている反面、権利を主張するばかりで義務や責任には触れません。目指すのは国民意識の消滅、世界市民、さらに地球人、宇宙人となることです。その実態は社会主義革命の別動隊であり、国家死滅と世界革命達成が目的なのです。アナーキズム意識までいかなくても、市民意識が国民意識を上回れば、国家は没落・死滅の道をたどることは言うまでもないことは既に述べた通りです。

人類は有史以来絶えず戦争してきましたが、同時に平和運動も絶えることはありませんでした。古代中国の春秋戦国時代に墨子集団による「非攻」やロシアの文豪トルストイによる「平和論」が有名です。しかしそれでも戦争は止まりません。毛沢東も「中国人は平和愛好というが、それは嘘だ。実は戦争が大好きで、かくいう私もほかならぬその一人である」と発言しています。

平和は主張や運動、もちろん憲法第九条で達成できるものではありません。たとえ万国が平和を望んでも、一国が拒否すれば平和にはならないのです。不平等や不公平が存在する限り、平和は守られません。目立った争いがなかったとしても、それは支配を守るための平和であって、奴隷の平和を守りたい人などいないでしょう。

カントの『永久平和論』は哲学者らしく理路整然とした、不朽の巨著です。流行語の「いつやるの？　今でしょ！」とまでいかなくても構いません。将来の話であっても、いかなる国の誰が手を付けるかが問題なのです。

中国に戦争のない年はありませんが、平和を望まないというより、それが社会の掟だからです。古代の『韓非子』はすでに「昔は物が多く人は少なかったが、今は物が足りず人が多い。だから争いが起こる」と単純明快な原理を語っています。

そんな中で「平和」を口にする人は「敵の同路人(同調者)」と見なされ、袋叩きに遭う運命です。南宋の秦檜《しんかい》(敵国と和議を結んだ、売国奴の代表的存在)、中華民国の汪兆銘《おうちょうめい》(親日家として有名、死後に墓を破壊され遺体を破棄される)、民主運動家の劉暁波《りゅうぎょうは》(服役中にノーベル平和賞を受賞)らがその一例です。

だから「平和運動は敵の罠」と考える識者は、戦争と平和の関係を熟知しているといえるでしょう。

一方、日本は平安時代に約四百年近い、江戸時代にも三百年近い平和を保っていました。縄文時代の平和は一万年続いたとされています。これを可能としたのは主張や運動ではなく、自然と社会の仕組みそのものだったといえるでしょう。

戦後日本の平和主義運動者が、実は日本人の国家や安全を守る意志まで骨抜きにする敵の手先であることは、平和運動が日本限定であることからも明らかであり、だからこそ「最大の敵」なのです。

8「和」と「同」は対極的な考え

国家、民族、宗教、言語が違えば、ものの見方や考え方も変わってきます。個人や趣味によっても違い、まさに十人十色です。日本人の考え方は極めて実直で垂直的であるのに対し、中国人や韓国人は考えていることと口に出されること、行っていることがあべこべです。アメリカ中国学の重鎮だった故フェアバンク（ハーバード大学教授、中国名は費正《ひせい》清《せい》）は「中国人の日常生活は八割以上が戦略的」と指摘しています。

朝鮮人も李朝以後の六百年来、ものの考え方が中国的になっています。高麗朝以前は仏教国だったせいか日本人に似ていましたが、尊儒斥仏《そんじゅせきぶつ》によって小中華を自負し、中国を真似る亜中国人、中国人以上に中国人になってしまっています。

このような違いはどうして生じるのか。地政学や生態学の視野から観察すると分かりやすいでしょう。たとえば砂漠の民の思考はlook up（上向き）、海洋民族はlook around（環視）、森の民はlook through（窺視《きし》、のぞき見）という具合です。

環境だけでなく、長い歴史や伝統から生まれるものもあります。文化や文明の違いによるものも多いでしょう。そこから自然に社会の仕組みが生まれてくるのです。

日本人と中国人、韓国人の最も大きな考え方の違いは「和」と「同」の違いです。中国人はモンゴル人、ウイグル人、チベット人を同化させようとしています。古代の孔子の時代から、文明人と野蛮人を区別する「華夷《かい》の別」「華夷の分《ぶん》」は存在しており、夷を華に「進化」、さらに同化させることこそ「華化」とされていたのです。

周辺の夷狄《いてき》を中華の文化に同化させるのが華化、漢化、王化、徳化であり、それこそが「文明化」「文明開化」だという考え方が、中原の歴史を形作ってきました。孫文など近代中国の要人の基本的な民族観も同じです。

しかし中華文化の同化力は、時代が下るにつれて限界を見せてきます。漢の末期になると、漢人はインドの仏教によって逆に教化されるようになり、南亜、東南亜、中亜、北亜に至る地域が仏教化され、大仏教文明圏が成立しました。そして唐の時代には、漢文化の拡散力はほとんど消えてしまいます。

清の時代は領土が三倍まで拡大したものの、その中に五十以上の非漢族が存在していたのは同化力の限界ともいえます。儒教を主力とする漢化はソフトウェアとしてあまりに無力であり、同化を促進するには物理力(暴力)に頼るしかありません。儒教思想になぜ魅力がないかというと、それは世俗的に過ぎ、精神的には極めて無力だからです。さらに具体的に言うなら、チベット問題の根源は仏陀対孔子、ウイグル問題はマホメット対孔子の争いです。宗教戦争とは違って聖俗の争いであり、儒教の信徒衆はあまりにも無力です。

聖俗の対決において、世俗的な中国は暴力に頼るしかありません。そこにダライ・ラマ十四世が言う「文化的虐殺」の真の意味があるのです。

日本人は開国維新後、満州やモンゴル、ウイグル、チベットの独立志向を支持してきました。さらに東南アジアやインドにおける西洋の植民地の独立解放にも尽力しています。中国からすれば「中国分裂を狙う陰謀」ですが、その背後には中華思想との基本的な相違があるのです。

日本人の「和」の思想は、縄文文明と弥生文明の融合からすでに始まっています。その背後には原始神道の「習合」の仕組みがあり、そこから「和」という共生の思想が生まれるのです。聖徳太子の十七条憲法に「和をもって貴《とうと》しとなす」とあるのは、仏教と神道の習合による思想的な融合とも考えられるでしょう。

インド世界も、征服した異民族を「同化」することはありません。共生という発想を基に棲み分けるところから生まれたのがカースト制度です。そこが中国の同化との違いといえます。仏教の衆生の思想と、神道の共生の思想は性格的に同質であり、習合も可能です。江戸幕府は朱子学に国教的地位を与えたものの、とうとう国教にはなりませんでした。新儒教である朱子学の天敵は、実学重視の陽明学ばかりではありません。政治的な支えがないと他の諸学と競争できず、生き残る道は「独尊《どくそん》」(単独尊崇)しかありません。

国学の立場からも「漢意唐心」と「和魂和心」の違いは、儒学の「勧善懲悪」と「邪《よこしま》」にあると指摘されています。仏教も儒教も千年以上前に日本に伝来したものの、儒教は日本の風土に根を下ろすことはできませんでした。その理由を津田左右吉《そうきち》博士が検証した結果、儒教と日本的思想には根本的な対立がある、と結論付けられました。

日本社会は多元的な共生の社会であり、中華世界でしか生き残れない儒教には魅力を見出さなかったということでしょう。

「同」の思想を近代的西洋的用語に変換するなら「全体主義(トータリズム)」にあたります。それは右のファシズムや左のコミュニズムとも共通するものです。中国人にとっては国を無限に拡大する「大同の世界」が最大の夢であり、孔子や老荘、孫文や毛沢東もそれをユートピアとしてきました。結果的にそれが今日の「プロレタリア独裁」に結実しているのです。

近代西洋は「大同の世界」よりも多元性と多様性を是認する「大異の世界」を理想としています。これこそが民主主義の土壌です。大同と大異の対決は近代思想の土台であり、東西対立の一因でもあるのです。中華思想と、ヤマトイズムの土台となる和との対立こそ、中韓と日本の不和の根幹です。「不和」から「和」に転ずるのはいかに難しいか、おのずと知ることができるのではないでしょうか。

９　まずは大日本帝国の歴史貢献を知ることから

ここで、フランスの詩人ポール・リシャールの話をしたいと思います。哲学者、神学者でもあった彼は一九一六年に旅行で訪れた日本に魅せられ、四年間滞在しました。その折に作られたのが「日本の児等《こら》に」という詩です。

「曙《あけぼの》の児等！　海原の児等！
花と焔《ほのお》との国、力と美との国の児等！
聴け、涯《はて》しなき海の諸々の波が

日出ずる国の島々を讃うる栄誉の歌を
汝《なんじ》の国に七つの栄誉あり
故にまた七つの大業あり
さらば聴け、其《そ》の七つの栄誉と七つの使命とを

一、独り自由を失わざりし亜細亜唯一の民！
汝こそ自由を亜細亜に与うべきものなれ

二、曽《かつ》て他国に隷属せざりし世界の唯一の民！
一切の世の隷属の民のために起つは汝の任なり

三、曽て滅びざりし唯一の民！
一切の人類幸福の敵を亡ぼすは汝の使命なり

四、新しき科学と旧《ふる》き智慧と、欧羅巴《ヨーロッパ》の思想と亜細亜の精神とを自己の裏《うち》に統一せる唯一の民！

此等《これら》二つの世界、来るべき世の此等両部を統合するは汝の任なり

五、流血の跡なき宗教を有《も》てる唯一の民！

一切の神々を統一して更に神聖なる真理を発揮するは汝なる可《べ》し

六、建国以来一系の天皇、永遠に亘《わた》る一人の天皇を奉戴《ほうたい》せる唯一の民！

汝は地上の万国に向かって、人は皆一天の子にして、天を永遠の君主とする一個の帝国を建設すべきことを教へんが為に生れたり

七、万国に優れて統一ある民！

汝は来るべき一切の統一に貢献せん為に生れ

また汝は戦士なれば、人類の平和を促《うなが》さん為に生れたり

曙の児等！　海原の児等！
斯《か》くの如きは、花と焔との国なる汝の七つの栄誉、七つの大業《たいぎょう》なり」

ここであげられた「七つの栄誉、七つの大業」を要約すると次のようになるでしょうか。

①アジアで唯一自由を失わなかった民として、自由をアジアに与えるべきだ。
②世界で唯一他国に隷属しなかった民として、世界のすべての隷属の民のために起つことこそ使命だ。
③かつて滅ぼされたことのない唯一の民として、人類幸福の敵を亡ぼすことが使命だ。
④新しい科学と古い智慧、ヨーロッパの思想とアジアの精神とを自己の中心で統合している唯一の民として、これら二つの世界を融合させることが任務だ。
⑤流血の歴史のない宗教を持つ唯一の民として、一切の神々を統一してさらに神聖な真理を発揮するべきである。
⑥建国以来一系の天皇を永遠に戴いてきた唯一の民として、万国に対し、人は皆天の子であり、天を永遠の君主とする帝国を建設するべきことを教えるために生まれたの

だ。

⑦万国に優れて統一ある民として、未来の統一に貢献するために生まれ、戦士として人類の平和を促すために生まれた。

彼が来日したのは大正時代のことですが、日本の歴史や文化、天皇国家についてよく理解した上で、大きな期待を寄せていたことが分かります。

そして実際、大日本帝国はその名に恥じない偉業を成し遂げました。非西洋国近代化のモデルとなり、西欧列強の地球分割を阻止し、アジアの植民地を欧米から解放し、台湾・朝鮮・満州を近代化させ……まさにリシャールの言葉に恥じない栄誉、大業を達成したのです。

トインビーも日本の功績として「西洋人が不敗の神ではないことを明らかにしたこと」をあげています。西洋が世界を支配していた時代において、日本の活躍はまさに世界を根底から覆す衝撃だったのでした。

10 パックス・アメリカーナの後の世界は来るのか

新天地アメリカにイギリスの清教徒が移住を始めたのは一六二〇年のことです。一七七五年の独立戦争によって翌年には十三州が独立、アメリカはフランスやスペイン、メキシコと戦争し、あるいは列強から土地を買いあさって西部開拓を進め、太平洋に進出していきます。

十九世紀半ばには日本に開国を迫り、一八九八年の米西戦争ではスペインからフィリピンをもぎ取ります。中国進出は英仏独露に一歩出遅れましたが、「門戸開放、機会均等」を唱えて勢力を伸ばしていきます。そして戦争でドイツと日本をつぶし、イギリスを抜いて西洋諸国の中心となりました。戦後最大の敵だったソ連も冷戦を経て崩壊し、今や「パックス・アメリカーナ」の一極状態となっています。

そんな中、一九八〇年代に日本で一大ブームとなったのが「大国興亡論」です。大航海時代のポルトガルやスペインから始まり、オランダ、イギリス、アメリカと、経済力と軍事力の突出した大国は百年交替で地球支配を繰り返してきた。だからアメリカの世界支配もあと数十年で終わりを迎えるはずだ、というものです。アメリカの次は日本の時代ではないか、という期待もあったのでしょう。事実、エズラ・ヴォーゲルの『ジャパン・アズ・ナンバーワン』、ポール・ケネディの『大国の興亡』のように、日本の台頭やアメリカの没落を論じた本が出されたのもこの頃です。

その後、バブル崩壊や「失われた十年」を経験したせいか、日本における大国亡国論は下火になったようです。それに事実、諸国が現在のアメリカを追い抜くのは容易ではありません。

かつて「日の沈まない国」を誇ったころの大英帝国のＧＤＰは世界の約一〇パーセントでしたが、現在のアメリカのＧＤＰは世界のほぼ三分の一です。これは中国や日本の二・五倍、ロシアの二十倍に当たります。人類史上、これほどの経済規模の国家は他にありません。

ブラジル、ロシア、インド、中国といったＢＲＩＣｓ諸国も経済発展は著しいものの、数十年でアメリカと肩を並べるとは思えません。「中国の購買力平価はアメリカに伯仲しており、二〇二〇年か二〇四〇年あたりにはアメリカを超える」という予想もありますが、中国の格差や環境問題で多くの内部矛盾を抱えていることを考えれば、これ以上の成長は難しいでしょう。

中国の文化人は、伝統的な「公平」を「平等」へと変え、さらに「中国四大発明（羅針盤・火薬・紙・印刷技術）に代わる新四大発明」を唱えたりしていますが、ただの幻想か、あるいは空疎な妄言に過ぎません。

ブラジルは隣のアルゼンチンと拮抗するので手一杯で、それ以上に勢力を広げることはありえないとみていいでしょう。ロシアも軍事技術と豊富なエネルギー資源でロシア帝国復活を目指していますが、米ソ冷戦の再来、あるいは米ソ正面対決というシナリオはあまり考えられません。ＢＲＩＣｓの一つであるインドも中国同様、「やがて経済力でアメリカを上回る」という予測はあるものの、矛盾の多いことは同じです。仮に大国になったとしても、理想や魅力でアメリカを上回ることはできません。

アメリカは「自由」「平等」「人権」という理念を表看板に掲げています。実態はどうあれ、これらが非常に魅力的であるのは確かでしょう。だからこそ戦後日本はアメリカ文化にあこがれ、「アメリカのような生活を送りたい」と経済成長に尽力してきたのです。

二十世紀の思想として人気を博したのが社会主義思想でした。もとはイギリスの産業革命やフランスの市民革命と同じ時代に「空想的社会主義」としてはやったのが、マルクス、エンゲルス、レーニン、スターリン、毛沢東と受け継がれて「科学的社会主義」としてロシア革命後に広がったのです。こうして「世界革命、人類解放、国家死滅」のイデオロギーが世界に広がりました。

第二次世界大戦後はソ連の影響下で東欧に多くの社会主義国家が成立したものの、一世紀を待たずして次々と崩壊しました。社会主義は結局、資本主義社会の豊かさと自由さに魅力で勝つことができなかったのです。北朝鮮と中国はいまだに旧体制を守り続けていますが、チュチェ思想や共産主義、インドのカースト制度などに魅力を感じる外国人はそういないでしょう。

では文化的に米国と似たEUはどうでしょうか。EUは複数の主権国家の連合であり、最近はギリシャやスペインなど経済危機の国も出ています。EU憲法が実現しても、やはり一枚岩となってアメリカに挑戦できるとは思えません。

かつてアメリカの経済的脅威となった日本は、バブル崩壊やその後の政治・経済の低迷から抜け切れていません。立ち直りの兆しは見せているものの、核保有はおろか憲法改正すらできない日本にとって、日米同盟は命綱です。戦後日本には意外と反米論者が多いのですが、核武装をしない、あるいはできない現状では、日米同盟強化・対米追従以外の道はありません。それが日本にとって理想的かどうかはともかく、現実は認めざるを得ないでしょう。

経済力や軍事力といった数字の面ばかりでなく、宗教や文化、社会の魅力でアメリカの理想を上回らない限り、どんな国も挑戦者にはなり得ません。米中二国が世界秩序を仕切るという「G2構想」も、しょせんは幻想です。二十一世紀に入っても、やはりパックス・アメリカーナは当分揺るがないだろう、というのが私の見解です。

11 中印露の「新三国志演義」開演迫る

アメリカの「独覇」は当面揺るがない、という私の持論は前に述べたとおりです。しかしアメリカに代わる存在は出てこないとしても、その覇権が徐々に揺らぎつつあるのは確かです。二十一世紀初頭のリーマンショックは、資本主義の危機の象徴的な現象だったといえるでしょう。

かつてアメリカの最大の敵だったロシアは現在、共産国家でも民主国家でもないという立場にあります。社会主義時代と比べればある程度自由化にはなったものの、やはり民主化には長い時間がかかると考えられます。

一方、経済面では六パーセント以上の経済成長を続けており、それを下支えしているのが石油や天然ガスなど豊富な資源です。シベリアの天然ガス資源をめぐって日中に競争させ、ＥＵの資源依存も強くなりつつあります。特にドイツは原発の稼働制限と廃止が法律化されたこともあり、天然ガスへの転換を強めています。

中国もエネルギーではロシアに依存しており、密接な関係の構築に努力しています。最近は反米・抗米で肩を組み、国連安保理ではそろってイラン制裁に抵抗、旧東欧における米ミサイル防衛（ＭＤ）でも手を組んでいます。

もっともロシアは中国の膨張主義を警戒し、「潜在的脅威」と見なしています。中国と不即不離の関係を保ちつつ、資源を武器にあくまでイニシアチブをとろうとしていると考えられます。

アジア大陸におけるもう一つの大国、インドはどうでしょうか。天竺《てんじく》（インド）はかつて支那（中国）と並んで日本文化の二大源流でしたが、中国や韓国といった近隣諸国は反日国家であり、日本人の関心はそちらに向かいがちです。反面、親日国家である台湾やインドはあまり話題になりません。

しかしインドは「あと数年で中国を追い越す」「二〇五〇年にはアメリカを追い越す」と言われており、その力は侮れないものがあります。現在の人口は中国十三億人、インド十二億人ですが、中国は一人っ子政策の影響で頭打ちになると考えられています。人口では近いうちに中国を抜くことは確実と見ていいでしょう。

冷戦中、中国と対立関係にあったソ連は中国を牽制するためにインドに接近しました。しかしインドは冷戦終結後にアメリカに接近、アメリカも北朝鮮の核開発に反対する一方、インドの核保有は黙認しました。そして二〇〇六年、アメリカとインドは原子力エネルギー協力で合意に達し、当時のブッシュ大統領は「米印原子力平和利用協力法」に署名しています。

一方、ロシアもアメリカに対抗するべく、兵器と資源をちらつかせて中国とインドを巻き込み、関係を増強する手段をとっていたことがあります。反米勢力として中印露は徐々に歩み寄っているように見えますが、この三者による三国同盟が築かれる日は来るのでしょうか。

私は、それに関しては否定的です。この三国は友好関係になるより、衝突を起こす確率の方が絶対に高いのです。

まず、インドにはヒンドゥー文明、ロシアにはキリスト教のスラブ正教を核とした東方正教文明、中国には中華文明があり、互いに相容れそうにありません。しかも三国とも国内に多文明を内包しており、それぞれの文化が摩擦し文明が衝突する可能性も高いのです。

かつてハンチントンは「アメリカ対イスラム」「アメリカ対イスラム＋中国」という「文明の衝突」を予言しましたが、私はむしろ中印露の間で衝突が起こる可能性の方が高いとみています。

さらに、中国は年八〜一〇パーセント、インドとロシアは六〜七パーセントという高い経済成長を示しています。これだけの成長国が争えば、衝突の程度もかなり大きくなると予想されるのです。

このような、ある意味似た者同士の三国ですが、違いも当然あります。最大の問題はやはり政治形態の違いです。

人民専制を強化する一方の中国と違い、インドは人口世界最大の民主主義国です。ロシアも完全な民主国家とは言えないものの、議会制民主主義国家として成熟しつつあります。民意を問うシステムを確立させられない中国と、政治問題を民主的に解決できるインドやロシアが同盟を結ぶ可能性は極めて低いでしょう。

加えて資源の問題もあります。インドや中国は資源が乏しい国で、持続的な経済発展を続けるには外部に依存するしかありません。双方とも十億を超える人口を養うための資源争奪戦は、とうぜん激しいものになります。

一方資源大国であり、それを基礎に「強いロシア」を復活させようとしているロシアにとって、中印のいがみ合いは非常に好都合です。無理に同盟を結ぶより、互いに争わせて主導権を握ろうとするでしょう。

VISTA諸国の台頭もあり、世界的な経済構造はますます複雑化すると考えられます。しかしその中にあって、やはり中印露三国同盟が成立する可能性はほとんどないと考えるべきです。足並みをそろえて同盟を組むのではなく、魏・呉・蜀が鼎立《ていりつ》(三者が互いに対立すること)して互いに覇を競った『三国志演義』のような世界が出現するかもしれません。

12 日本化する世界の可能性

文明の盛衰と大国の興亡は、人類史上たびたび繰り返されてきました。文明のインド化や華化はすでに過去のものになった反面、キリスト教やイスラム教の文化の拡散力は衰えを見せません。

大航海時代以降の海の時代、非西洋文明圏の諸地域は西洋文明圏に編入され、植民地へと転落していきました。さらに国内でも革命が勃発、ロシア帝国やオスマン帝国、清帝国といった陸の大帝国もみな国内の革命によって解体されています。

そして二度の世界大戦後には植民地体制が崩壊し、列強の時代も終わりを告げました。その後到来したのが、米ソによる東西対決と南北問題です。二十世紀末にはソ連が崩壊してアメリカニズムがグローバリズムとなり、経済も国民経済から世界経済へと拡大しました。

アジアＮＩＥＳやＢＲＩＣｓの台頭は南北問題の是正であり、グローバリゼーションの帰結の一つでもあります。こうして東西イデオロギーや南北格差といった対立は徐々に解消され、人口や環境、資源といった人類共通の問題が注目を集めるようになります。

現在はアメリカ一強状態となっていますが、世界の中心となる大国の興亡については百年単位で論じられてきました。十九世紀におけるパックス・ブリタニカの時代から、二十世紀、ことに東西冷戦後はパックス・アメリカーナによる「独覇」の時代が今まで続いています。

アメリカ発のグローバリズムは左右の反米勢力の論客から非難されています。グローバリズム即アメリカニズムというわけではないとしても、アメリカ化、またはアメリカを主役としたグローバル化には違いありません。

百年を周期とした「大国興亡論」においてアメリカだけが例外となるなら、それに次ぐパックス・ジャポニカやパックス・シニカの夢は消えてしまうかもしれません。もっともこれは世界を一極化で見た場合であり、二極化、または多極化していく可能性もないとはいえません。

七〇～八〇年代にかけて、日本経済の驚異が非常な注目を集めた時期があります。ユーラシア大陸の西端にある島がパックス・ブリタニカにまで成長したなら、東方にある日本がパックス・ジャポニカを達成する可能性がないとは断言できないでしょう。開国維新後の日本は、大日本帝国として列強に伍し、大東亜共栄圏まで構想したものの、米英によってつぶされてしまいました。

戦後の経済発展によって一度日は昇ったものの、バブル崩壊によって再び沈み、「失われた二十年」がそれに続きました。日本にまた日が昇ることはあるのでしょうか。

アベノミクスは単に経済復興だけでなく、日本に日がまた昇るのではないかという期待の源にもなっています。中韓が「軍国主義の復活」と非難してくるのも、日本の再生に脅威を感じているからではないでしょうか。

日本文明こそ衝突も没落もしない唯一の文明であり、地球文明にもなり得る存在だ、と私は考えています。その理由は、文明と称されるいかなる諸々の文明にもないオープンシステムにあります。

日本は古代には隋唐文明、近代には西洋文明を取り入れながら、どんな文明にも吸収されることなく独自の文明を築いてきた歴史があります。その背景には、西洋文明などが持ちえない二つの特性があるのです。

まず、原始神道の神仏習合に代表される「習合の原理」です。いかなる外来の神も排除・衝突なく取り入れる八百万《やおよろず》の神世界は、神道の共生の原理、仏教の衆生の原理、外来文化に寛容な文化の礎となっています。

もう一つは、狭い島国という限定された空間で、人間と自然が調和することで培われてきた「限定空間の原理」です。

たとえば、江戸時代の日本は世界一のリサイクル社会でした。かまどの灰や生ごみ、人間の糞尿は肥料として引き取られ、穴のあいた鍋や欠けた茶碗、壊れた傘なども専門の職人が直します。一枚の着物でも着古せば子供の服や雑巾、おむつに仕立て直され、端切れを買い取る業者もいました。洋服と違い、着物は一反の布から直線的に作られているため、ほどいて仕立て直すことが可能だったのでした。

米も食べるだけでなく、とぎ汁、ぬか、わら、もみ殻などすべてに用途があったのです。「もったいない」は日本語にしかない表現だと言われることもありますが、こうした知恵と精神こそ、宇宙船地球号たる地球文明に不可欠なものではないでしょうか。

バブル期以降失速したと考えられがちな日本ですが、その文化の魅力は決して衰えていません。漫画やアニメに代表されるサブカルチャーやポップカルチャー、無形文化遺産として認められつつある日本食、また省エネやエコといったソフト面での制度・発想などは、不況などとは関係なく、世界に広がりつつあります。

日本は戦後アジアNIESを作り、ASEANの成長を下支えしてきました。これも開国維新後の「文明開化、殖産興業」と同じ日本化拡散の余波だと私は以前に論じたことがあります。素質と可能性を備えた日本人は、日本経済だけでなく人類の夢の実現のためにも、再び「坂の上の雲」を目指していくべきなのです。

13 グローバリズムの波の中の日本の選択

ＢＲＩＣｓ（ブラジル、ロシア、インド、中国の高度経済成長四ヵ国）はグローバリズムの産物である、といわれることがあります。ＢＲＩＣｓの前にはアジアＮＩＥＳ（新興工業経済地域。韓国、台湾、香港、シンガポール）、ＢＲＩＣｓ後にはＶＩＳＴＡ（ベトナム、インドネシア、南アフリカ、トルコ、アルゼンチン）が続く、と世界経済界では予測されています。

ではグローバリズムとはそもそも何なのでしょうか。アメリカ発というよりアメリカの仕掛けたグローバリズム、ある意味ではアメリカイズムともいわれ、日本では専門書もたくさん出ています。

改革開放後の中国は、「ハリコの虎としての米帝」から「アメリカの独覇」としての「米帝」を再認識するとともに、「社会主義革命」を強調するのをやめました。そして「全球化（グローバリズム）」の時代をどう生き残るか模索しています。

グローバリズムの正体、あるいはその全体像を捉えるにはソフトウェア・文化面の分析が必要ですが、ここでは取り上げません。市場に限って言えば、それは世界の単一市場化を意味します。

国民経済の時代の市場は国家を中心としていましたが、グローバリズムの進行と共に、資本、技術、人材、さらには情報までも国境を越え、有利な市場へと流れていきます。グローバリズムによって、国益・私益共に得もあれば損も発生します。その結果として、反米・反グローバリズム運動が世界で展開されているのです。

大航海時代のいわゆる「地球空間の革命」時代から、グローバリズムはすでに始まっていました。欧化や洋化はその雛型で、列強の時代を経て東西冷戦とその解凍、南北問題の緩和、アメリカ一極支配の時代になります。こうしてグローバリズムはアメリカニズムと共に世界に広がっていったのでした。

列強時代、冷戦時代、グローバリズムの時代ではそれぞれ世界のあり方も変わっているので、それ以前の歴史観や世界観では実態を捉えることはできません。考え方の枠組みや世界観をその都度変えていかなければならないのです。

たとえば国際関係の変化一つとっても、ＥＵの成立、ソ連や東欧の解体などによって、国際秩序は目に見える面と見えない面でさまざまに変動しています。

台湾も、二〇〇八年に民進党から国民党の馬英九《まえいきゅう》政権へと変わり、中国への接近が急速に進んでいます。馬が統一志向の中国人であることも理由の一つでしょう。しかしそれ以上に大きいのが、背後にある利権関係です。

台湾系企業の対中投資は年間総投資額の八〇パーセント以上を占め、国内投資はその数分の一に過ぎません。中国の外資においても、台湾資本が半分を占めていることは、台湾の経済界、また米国務省の数字にもはっきり表れています。

かつて「国民党は世界一金持ちの政党」といわれていました。では、この金はどこから来たのでしょうか。蔣介石を中心とする権門一族が国富を私富に変えていたことは事実であり、「国民党の金は中国人民から巻き上げたものだ」という中国側の指摘もあります。

しかし国民党集団が支配していたころの中国は、毛沢東のいう「一窮二白《いっきゅうにはく》（素寒貧《すかんぴん》で無知無学）」でした。権門一族の家産はアメリカの軍事・経済援助と、大日本帝国から接収した資産が元なのです。ことに台湾総督府と台湾の日本企業・民間人から接収した資産は、台湾総資産の八〇パーセントにのぼっていたという推計もあります。

台湾では「国庫通党庫《こくこつうとうこ》（国の金は党の金とつながっている）」が常識です。それ以外にも独占的な特権「党営」事業があり、確実にもうかる事業は党が経営し、もうからない事業を民間に開放し競争させるのです。

あの手この手で民間資産を巻き上げる方法もあります。蒋介石政権の時代は密告制度が横行し、密告された政敵や財産家は「共匪《きょうひ》（共産党やそのスパイ）」として財産を没収されました。

密告者はその四〇パーセントを奨励金として入手できるので、私も小学生の頃は密告賛歌を歌わされたりしたものです。この手が効かなくなると、司法の手を利用して巨大企業の株を安く売らせ、あるいは「税金（脱税）調べ」で金をゆすり取るなど、賄賂以外の超経済的方法で富を築いていきます。

このような「黒道（チャイナマフィア）治国」「黒金（ブラックマネー）治国」状態に対し、野党や市民運動家は一時、「党産を国民に返還せよ」という運動を繰り広げたものの、黒金体制はやはり続いています。

国民党の「党産」はどのくらいあるのか。二百億元とも六兆元とも、様々な説がありま す（一元＝三〜四円）。陳水扁《ちんすいへん》時代の二〇〇〇年から二〇〇八年にかけて、情報機構を通じて調べたことがあります。その結果一兆元には及ばず、年に約五百億元の支出がありました。政権を奪還しない限りじり貧になるばかりで、選挙に負ければ永遠に消えてしまう党です。

しかし二〇〇八年、馬英九が政権を奪還しました。そうなれば党産がさらに倍増していくのが台湾の常識です。国民党の幹部高官は北京中南海と利権でつながっており、金は中国に流れます。たとえばある党長老の一人には、上海への医療保険として四百億元も出されているのです。

尖閣をめぐる台湾漁民と日本海上保安庁巡視艇の水合戦で補助金を出したのは、中国傘下の製菓会社「旺々《ワンワン》」でした。ここが中国時報の買収に二百億元の資金を出していたことは日本でも知られています。

中国の国富の大半は、〇・二パーセントから二パーセントの人間、あるいはわずか十三の家族に独占され、億以上の資産を持つ者の八〇パーセントは党幹部とも言われています。二十世紀初頭の経済学者マックス・ヴェーバーは、中国を「家産制国家（支配階級が国富を自らの「家産」として統治する国家形態）」と定義していますが、人民共和国の時代になってもそれは変わっていません。

党が国家を支配し、国富を私富へと変えていく超経済的な錬金術こそ「権銭《チェンチェン》弁証法」、すなわち権力で銭を手に入れ、銭が権力を牛耳る魔術なのです。

グローバリズムの結果、あふれる資金はＢＲＩＣｓ諸国に流れ込んでいます。こうして貧富の格差がグローバルレベルで加速していくのです。国際政治が経済より利権で結合しているのは、台湾と中国の利権結合だけではありません。日本も韓国も例外ではないのです。

国際力学はすでに国民から離れ、国境を越えた利権共同体が独立、暴走しています。文化人や言論人には、この変化をもっとグローバルな眼で見ることを勧めたいと思います。

14 「支那覚醒」から「日本覚醒」の時代へ

かつて大アジア主義者が「支那保全」「支那覚醒」という言葉をしばしば口にしたことは、よく知られています。西力東来、西洋植民地の時代にあって「白禍《はくか》（白人の脅威）」への警戒は極めて強いものでした。文明開化・殖産興業にひた走っていた日本の大アジア主義者たちは「支那覚醒」はおろか「東亜の解放」までも時代の使命として、身命を惜しまず活動していたのです。

しかし戦後は一変、「日本人として恥ずかしい、いっそ地球人・宇宙人になりたい」御仁まで出てきました。「一億総ざんげ」にとどまらず、「反省と謝罪」パフォーマンスに取りつかれた村山総理の時代は、閣僚や政治家による謝罪行脚がはやりました。小泉総理までが世界の不特定多数を相手に謝罪するパフォーマンスを演じたのです。

他にも謝罪僧が中国各地を回るなど、滑稽な日本人が続出して世界の笑いものになりました。韓国でも日本語教師が学生に謝罪を強要されるなどの騒動が起きています。

謝罪すべき者もされるべき者もほとんどあの世に行ってしまった今、時代は流れ世の中も変わります。私もこの不思議で滑稽極まりない国に暮らしてはや半世紀、世の変化を目にして感無量になることも少なくありません。

私の学生時代には「やがて日本も社会主義国家になるのは歴史の必然」と考えられており、学生も教授もそう確信、「八〇年代には共産党政権になる」と信じて疑いませんでした。大学は学園紛争に明け暮れ、食堂まで全共闘に占領されて、肉も米も兵糧として食い尽くされました。研究室も占領され、貴重な本は軍資金として古本屋に売られてしまったのです。

しかし中国では、毛沢東の社会主義は文革で崩壊し、九〇年代に入ってソ連や東欧も崩壊してしまいます。中国や北朝鮮が「地上の楽園」であるという伝説も、早い時期に実態が暴かれ、日本人にも徐々に知られるようになります。

それでも私自身、九六年に母校での講演において、核マル派に襲われたことがあります。しかし世は変わり、六〇年代に暴れまわった活動家たちはすでにその場を失い、現在は沖縄を拠点にしています。これが私と同世代の人が見てきた世の転変というものでしょう。

近年関心を集めている尖閣諸島の問題についても、日本人の領土意識はかなり変わってきています。七〇年代初頭、私は初めて東京を離れ、京大で井上清教授の講演会に参加したことがあります。教授は「外務省は情報公開しないので、私は教え子に頼んで外務省の機密書類を盗み出し、この本（『尖閣列島』）を書いた」と自慢げに語っていました。国立大学の教授ともあろうものが、教え子に窃盗させたことを自慢話にしていたのです。

当時はマルクス主義の歴史家・羽仁《はに》五郎など知名な文化人が百名以上集って「尖閣（釣魚島）は日本帝国主義が中国から強奪した領土だ、即刻返還せよ」との旨の共同声明を出し、「軍国主義復活」「日本帝国主義打倒」と息巻いていたものです。

これがあの時代の思潮の主流だったのでしょうが、半世紀近く経った二〇一一年には、尖閣海域で中国漁船が日本の海上保安庁の巡視艇に体当たりした事件をめぐって、日本人の意識はかなり変わりました。

マスメディアで「即刻中国に返せ」と公言する文化人はいなくなりました。せいぜい、仙石官房長官が「日本文化は中国から多大の恩恵を受けた。日本が中国に侵略したことがあり、だから中国の気持ちも分かる」と発言したり、外務省出身の孫崎享《まごさきうける》氏が著書で中国の主張を孫引きして並べたりしているくらいです。

尖閣問題のデモには私も何度か出たことがありますが、数千人が街頭に出て「尖閣は日本のもの」と主張し、中には赤ちゃんを乳母車に載せて行進する若い母親もいました。ここ半世紀で日本人が変わったことを実感させられます。

思想家の鈴木大拙《すずきだいせつ》は著書『日本的霊性』において、「天は遠すぎる。日本的霊性は母なる大地に根を下ろしてから生まれた」と述べています。母なる大地を愛するのは自然の感情であり、日本人の日本嫌いが決して自然の感情でないのは明らかではないでしょうか。

日本人として日本を愛するのはごく自然な感情です。しかし戦後は反日日本人が跋扈《ばっこ》していました。日本人はいつ日本を好きになるのか。流行語を借りるなら「今でしょ」というところです。

戦前の大アジア主義者は「支那覚醒」を心から期待していました。しかし戦後多くの日本人に期待されるのは「日本の覚醒」です。そこにはやはりヤマトイズムが必要ではないでしょうか。アベノミクスだけでは足りず、日本の精神をも取り戻さなければなりません。

戦後レジームから脱却するには、戦後史を支配し続けてきた自虐史観を捨てなければなりません。もちろん中韓のように、創作した偽史や「正しい歴史認識」を他人に押し付ける必要はありません。ただ歴史の真実を語ればいいのです。そうすれば、日本人による数えきれないほどの歴史貢献を自国史に見ることができるでしょう。

日本《にっぽん》を取《と》り戻《もど》す

――アベノミクスと反日《はんにち》の中国《ちゅうごく》・韓国《かんこく》――

初版発行――平成26年3月10日

著　者――黄文雄《こうぶんゆう》

発行者――白水春人

発行所――株式会社光明思想社
〒103-0004
東京都中央区東日本橋2-27-9　初音森ビル10F
Tel 03-5829-6581　Fax 03-5829-6582
郵便振替 00120-6-503028

組　版――メディア・コパン

印刷・製本――株式会社シナノ

ISBN978-4-904414-27-9

光明思想社の本

古事記と日本国の世界的使命

甦る『生命の實相』神道篇

谷口雅春著

責任編集　公益財団法人生長の家社会事業団
谷口雅春著作編纂委員会

幻の名著復刊！　アメリカGHQの検閲下にあって出版停止を余儀なくされ、今日まで封印されてきた黒布表紙版『生命の實相』第十六巻神道篇「日本国の世界的使命」第一章「古事記講義」が完全復活。『古事記』が預言する〝日本国の世界的使命〟とは何か。著者の「唯神実相論」によって、その驚くべき全貌が解き明かされる。混迷を深め、漠然とした不安に怯える現代の日本人と日本社会に、自信と誇りを取り戻させる画期的著作。

四六判・上製

光明思想社の本

古事記神話入門

日本人の心の底に眠る秘宝を探る

伊藤八郎著

四六判・並製

「古事記神話」の本当の意味はこうだったのか！　「いま」も「ここ」に日本人の心の底に生き続けている古事記神話の真髄をやさしく説き明かす！

「日本人のコア・パーソナリティには今も『古事記神話』が脈々と息づいているのです。しかしながら、今日多くの日本人はそのコア・パーソナリティとは結びつかない生活様式や思考形式をとっているために、根無し草のような、落ち着きのない日々を送らざるを得なくなっているのです。是非とも『古事記神話』を知って、それを共感して、ゆったりと伸び伸びと、明るく生きるようでありたいと念願しています。」（本文より）